Sylvia Morawe

Das Praxishandbuch der Maria Magdalena

für gelebte Liebe heute

Bitte fordern Sie unser kostenloses Verlagsverzeichnis an:

Smaragd Verlag
In der Steubach 1
57614 Woldert (Ww.)
Tel.: 02684.97848-10
Fax: 02684.97848-20
E-Mail: info@smaragd-verlag.de
www.smaragd-verlag.de

Oder besuchen Sie uns im Internet unter der obigen Adresse.

Deutsche Erstausgabe Januar 2010
Zweite Auflage: März 2014
Cover: Peter Engelhardt
Umschlaggestaltung: preData
Satz: preData
Printed in Czech Republic
ISBN 978-3-941363-09-0

Sylvia Morawe

Das Praxishandbuch der Maria Magdalena

für gelebte Liebe heute

Smaragd Verlag

Über die Autorin

Sylvia Morawe, geboren 1969, lebt und arbeitet in Süddeutschland bei Stuttgart. Sie hat seit 1999 eine eigene Praxis für Menschen und Tiere, ist Heilerin, Tierheilpraktikerin, Tierkommunikatorin, Mensch-Tier-Therapeutin, Channel und Medium für energetisches Heilen.

Seit 2006 ist sie Kanal für Lady Nada und die Galaktische Förderation des Lichts.

Mit dem *Praxishandbuch der Maria Magdalena für gelebte Liebe heute* liegt ein Einblick in ihre Heilarbeit mit Jesus Christus und Maria Magdalena als Archetypen in unserer Seele vor. Sie gibt zum Thema *heilige Dreieinigkeit* Seminare und hilft in Einzelgesprächen und Einzelmeditationen, den Weg in die eigene Selbstermächtigung, Göttlichkeit und Freude, das eigene Paradies, zu finden.

www.Engel-und-Einhorn.de
engelundeinhorn@online.de

Inhalt

„Wenn du davon ausgehst, dass nichts existiert, was nicht Teil von dir ist, niemand existiert, der nicht Teil von dir ist, dass du mit jedem deiner Urteile nur dich selbst beurteilst, dass jegliche Kritik, die du äußerst, Selbstkritik ist, wirst du – erfüllt von Weisheit – dir selbst bedingungslose Liebe schenken, die das Licht deiner Welt sein wird....“

Harry Palmer

Widmung

Dieses Buch widme ich den wunderbaren Männern und Lehrern in meinem Leben, die mich mit ihrer Liebe, Fürsorglichkeit und Wahrheit an den Schatz in meinem Inneren erinnert haben.

Danke, dass ihr immer im rechten Moment zu mir gefunden, meine eigenen inneren Ängste, Glaubenssätze und den Willen Gottes in mir zu jenem Zeitpunkt gespiegelt, um mich in meiner Entwicklung zur „Göttin" zu unterstützen und mir so den Weg zurück in die Liebe meines Selbst gezeigt habt.

Vorwort

Auf den Tag genau drei Jahre sind nun vergangen, nachdem ich im Sommer 2006 das erste Channeling für mich persönlich von Maria Magdalena erhielt, und ich halte nun das fertige Manuskript meines Buches in Händen.

Nach sieben Jahren innerer Schulung und Transformation, Arbeit an mir selbst und an meinen Glaubenssätzen habe ich meinen Weg zurück nach Hause für mich gefunden und gleichzeitig auch einen Weg aufgezeigt bekommen, wie ich anderen Menschen helfen kann, in ihre Freude, Selbstständigkeit, wahre Berufung und in ihre Herzenspartnerschaft zu kommen. Alles, was im vorliegenden Buch beschrieben wird, war Teil meiner eigenen inneren Befreiung, es sind die Erlebnisse und Erfahrungen, die ich mit Jesus Christus und Maria Magdalena in mir erfahren habe. Diese Erlebnisse, Texte und inneren Bilder, die mich so berührt, aufgeweckt und auf den Weg gebracht haben, möchte ich von nun an mit anderen Menschen teilen. Es prüfe jeder mit seinem Herzen und seinem Bewusstsein, was für ihn/sie passend und richtig ist!

Am 03.07.2006 also kamen in mir der zaghafte Wunsch und die Idee auf, nachdem ich das Buch „Sakrileg" von Dan Brown gelesen hatte (das mich innerlich tief aufgewühlt und bewegt hatte), ein Channeling, eine persönliche Botschaft von Maria Magdalena für mich selbst zu empfangen. Zu diesem Zeitpunkt befand ich mich gerade in der Channelausbildung „Der integrierte Kanal“ bei Adamis International von Frank Alper.

Ich war noch absoluter Neuling im Umgang mit der Geistigen Welt, obgleich ich wusste, dass ich schon lange geführt und geleitet würde. Ich erwartete nichts Besonderes, als ich beschloss, Kontakt mit Maria Magdalena aufzunehmen, ich betrachtete es einfach als Übung und beschäftigte mich einige Tage gedanklich damit.

Dank an dieser Stelle an Frank, der schon in den Lichtreichen ist, und an seine Frau Katharina für ihre liebevolle und kompetente Ausbildung. Ich höre ihn noch wie gestern, als er uns ermahnte, indem er sagte: „Die Geistige Welt wird euch bezüglich eures Egos prüfen.“ Prompt wachte ich drei Tage später morgens um punkt drei Uhr auf, mit dem dringenden Gefühl, mich sofort an den Computer zu setzen und zu schreiben. Dies sollte der Anfang einer Reihe von Durchgaben sein, die mich das erste Jahr völlig verwirrten. Das zweite Channeling „Ich bin Maria Magdalena“ prüfte mich tatsächlich stark, denn ich dachte zunächst einmal durch die intensive Verbindung mit den Bildern und Gefühlen, die ich bekam, dass Maria Magdalena womöglich etwas mit meiner eigenen, „persönlichen“ Seelengeschichte zu tun haben könnte.

Doch dank liebevoller Hinweise im Außen begann ich zu verstehen, dass sich hier etwas aufzeigte, was mich zwar persönlich sehr bewegte und auch Teil meiner Geschichte ist, wie auch Teil der Geschichte aller „inneren Frauen“, egal, ob Mann oder Frau. Schnell bemerkte ich, wie viele Frauen sich mit Maria Magdalena identifizieren und entschlüsselte nach und nach die Bedeutung der Verbindung, die sie heute für alle Menschen hat, sofern wir das zulassen möchten. Heute weiß ich, dass wir alle Verbindungen aufbauen können zu Allem-was-ist und jemals war. Ich wurde liebevoll, Stück für Stück, darauf gebracht, zu verstehen, dass Maria Magdalena für uns Menschen eine Kollektivrolle übernommen hat wie Jesus Christus auch. Beide sind zu Archetypen in unserer Seele geworden und haben das Verständnis von Geist und Materie hier bei uns im Westen entscheidend geprägt. Jesus, der Christus, und Magdalena, die Sünderin. Die Rolle Magdalenas für das Kollektiv Mensch und die „innere Frau“ sollte sich allerdings erst zweitausend Jahre später entschlüsseln.

Nach der ersten Botschaft setzte eine Entwicklung bei mir ein, die ich mir nie hätte träumen lassen. Maria Magdalena begann sich allmählich in mir zu zeigen, als Teil meiner eigenen verletzten und gelähmten Weiblichkeit. Ich nahm daraufhin zwei Frauen in mir wahr: die freie, erleuchtete und heilige innere Frau, deren Schutzpatroninnen Mutter Maria und Maria Magdalena und viele andere Göttinnen sind und deren sanfte Botschaften und Weisheit mich so tief berührten (und es immer noch tun), und die abgespaltene innere Frau, meine weiblichen Seelenanteile,– getrennt, verletzt, gedemütigt, verängstigt und mit geringem Selbstwertgefühl. Die Kirche hat mit der Geschichte Jesu mehrere Abspaltungen im Kollektiv bewirkt: die Abspaltung der Weiblichkeit von der Männlichkeit und auch die Trennung innerhalb der Weiblichkeit. Maria und Magdalena – beide, Frau und Göttin, wurden unterteilt in „die Heilige“ und „die Hure“. Ich begriff, wie weitreichend die Entfaltung unserer inneren Frau in jedem von uns mit dem Weg des Herzens und der Seele in Zusammenhang steht. Und es zeigte sich auch nach und nach, wie sich meine Weiblichkeit und mein Körpergefühl durch diese Transformationsarbeit immer mehr veränderten, was sich auch in Partnerschaft und Sexualität bemerkbar machte. Das, was sich bei mir so wunderbar fügte, nachdem ich bereit war, den Weg der Seele zu gehen, entwickelte sich vom schmalen Pfad zu einer Straße, der ich nun weiter folge. Die anfängliche Verwirrung der Botschaften aus der Geistigen Welt ist einer freudigen Gewissheit gewichen, dass es sich immer lohnt, auf sich selbst zu hören und im Vertrauen zu bleiben. Ich lade alle Leserinnen und Leser ein, sich auf die Vergangenheit und die Zukunft des Christentums einzulassen.

Wir alle in der westlichen Welt sind Kinder dieses Christentums, „Gralskinder“, und deshalb sind in uns allen tiefe Glaubenssätze über das Leben selbst fest verknüpft mit dieser Vergangenheit. Ich wünsche mir, dass dieses Buch dazu beitragen wird, die Wahrheit in jedem Menschen wieder aufleuchten zu lassen, und dass die Spuren des Patriarchats, die so stark ihre Wunden hinterlassen haben bei der Weiblichkeit, und damit auch auf unserer

Erde, immer blasser werden, zugunsten einer im Herzen gleichberechtigten Gesellschaft und einer Erde, die nach und nach das Paradies sein wird: der Garten Eden, der sie in Wahrheit ist.

Das Christentum ist im Begriff, sich zu verändern, und die Weltreligionen beginnen, sich langsam zu verbinden. Altes wird losgelassen und transformiert, Neues und Gemeinsames wird sich durchsetzen.

Ich verneige mich an dieser Stelle auch noch einmal vor allen Weltreligionen. Durch die Trennung, die sie bewirkt haben, konnte die Menschheit lernen, die Trennung zu erfahren und die Einheit Stück für Stück zu integrieren.

Übrig wird eine Menschheit bleiben, die eine gefühlte Weisheit bewusst integriert hat und im bewussten Mitgefühl auch den „bösen" Mitmenschen und die von uns als negativ empfundene Polarität, die die Trennung aufrechterhält, als Teil von sich erkennt.

Die Visionen aller vorangegangenen Weltenlehrer haben sich somit erfüllt.

Mögen alle Leserinnen und Leser noch mehr Sehnsucht nach der Wahrheit ihres Herzens bekommen, als sie es vorher schon hatten. Denn diese Sehnsucht ist der Anfang, unser SELBST zu finden.

Haben wir alle wieder die bewusste Einheit mit unserer Seele und unserem Höheren Selbst gefunden (und zwar hier auf der Erde, nicht erst nach dem Tod, der den Dimensionswechsel in die Geistige Welt bedeutet), erkennen und erfühlen wir die göttliche Liebe in uns und hören auf, verzweifelt im Außen danach zu suchen.

Wir wissen dann wieder, wer und was wir sind, und die Sucht und der Mangel haben ein Ende. Die Entwicklung geht von innen nach außen, und so wandelt sich auch unser Planet. Immer mehr Menschen heben die Trennung in sich selbst auf, um damit das Feld der Einheit zu stärken. Das ist der Weg, die Erde wahrlich Stück für Stück zu erneuern.

Möge dieses Buch dazu beitragen, alle, die es lesen, ein Stück mehr in ihr Herz und zurück in die bewusste Einheit mit Gott und ihrer Seele zu führen.

In Dankbarkeit,
Sylvia Morawe

Ich bitte Maria Magdalena um ein persönliches Channeling (03.07.2006)

Liebste Schwester des Lichts,

Tränen der Freude sind es, die dich durchfluten, hab keine Angst.

Du kennst den Plan! Höre in dein Herz und frage: Steht es im Plan? Du wirst die Antwort hören und jubilieren.

Erinnere dich! Dein Leben wird Glück und Freude sein. Der Schmerz und die Trauer hast du längst überwunden, erinnere dich...

Du bist stark. Du bist mutig. Du bist schön. Du hast die Tugenden. Du verkörperst diese Neue Zeit mit ihrer Weiblichkeit.

Gehe mutig den Weg deines Herzens, er ist immer der richtige!

Diese Liebe ist gegenwärtig, sie wurde nie getrennt! Das ist nur eine Illusion der Trennung, du weißt es. Du hast viele Inkarnationen mit unseren Themen in dir integriert, hast alle Erfahrungen machen wollen, hast alles Wichtige integriert. Jetzt lebe es und genieße die Freude!

Du brauchst dich nur zu erinnern und die Zügel in Sei-

ne Hände zu geben. Er wird dir den Weg zeigen, das hat Er in allen deinen Leben getan...

Vergiss es nie: Die Trennung ist eine Illusion!

Lege die Liebe in Seine Hände, und alles wird gut.

Großes hast du dir vorgenommen, Großes wird durch dich geschehen. Folge dem Pfad, folge dem Herz-Kreuz, mehr ist nicht zu tun.

Du bist bereit für alles Wissen, für die Liebe, für die Veränderung.

Befreie dich von der Unwahrheit, dann bist du frei, und alle Liebesenergie der Welt kommt zur dir.

Er in deinem Inneren ist dein Weg und dein Ziel.

So war es. So ist es. So sei es!

In Liebe,
Maria Magdalena, Tochter Zions
Die Seelengemeinschaft der Töchter Zions

Einleitung

Geliebte Kinder des Lichts,

es wird Zeit, eine neue Form der Liebe von der geistigen Ebene, in der sie bereits in euch existiert, nun auf die Erde in euer Leben zu bringen.

Die Neue Zeit des Christusbewusstseins auf Erden ist angebrochen, und wir melden uns zurück: Jesus, der Christus, und Maria Magdalena, die Christin.

Wir sind in euch zurückgekommen, um euch an eure höchste Vision von Licht und Liebe aus anderen Dimensionen in euch selbst zu erinnern.

Diese Dimensionen waren früher im Unterbewusstsein, in der Dunkelheit der Unbewusstheit, als innerer Schatz unerreichbar für die meisten von euch, tief in der Höhle eures tieferen Seelendaseins auf der Erde verborgen.

Die Bewusstheit ist stetig gestiegen, sodass parallel auch die Liebe wieder mit ansteigen konnte.

Dank an euch alle für die Entwicklung zum Meister, die ihr euch vorgenommen habt. Schüler und Schülerinnen des Universums: Willkommen in der Mysterienschule des Universums!

Wir, eure höchsten Anteile von Licht und Liebe, eure Engelanteile und die Archetypen aus allen Zeiten stehen euch jederzeit als Heilige Sophia in euch selbst zur Verfügung. Wir sind die Seelenmatrix des Kollektivs Mensch.

Als Maria Magdalena habe ich das Seelenkollektiv eurer weiblichen inneren Aspekte auf der Erde zum Ausdruck gebracht.

Priesterin, Geliebte, Frau, Mutter und Lehrerin war ich für die damaligen Menschen und konnte nur einen Teil von meiner höchsten Vision auf die Erde bringen und leben. Dennoch war dieser Teil ein Spiegel für euch, und nun wollt ihr diesen Spiegel anschauen.

Die Göttin in euch allen ist zurück, deshalb kann auch ich mich nun in euch als Weisheit für praktische und gelebte Weiblichkeit wieder zu Wort melden.

Ich bin auch Lady Nada aus der Bruder- und Schwesternschaft des Lichts.

Mehrfach war ich auf der Erde, um bestimmte, zu dieser Zeit wichtige Aspekte der weiblichen Liebe zu bringen und sie als Zeitspiegel mit meinem Tun auf der Erde zu verankern.

Maria Magdalena und viele andere weibliche Heilige, wir sind alle Aspekte der Großen Göttin. So, wie Jesus, unser Christus, dies durch sein Wirken getan hat, so habe auch ich stets gewirkt. Als Göttin durfte ich viele tausend Jahre nur im Unterbewusstsein in euch existieren.

Jetzt ist die Zeit der Befreiung da, und Gott und Göttin können in euch zu einer Einheit verschmelzen. Eine Verschmelzung in euch mit eurem Selbst, das bereits vereinigt ist, ist die Voraussetzung für eine heilige/heile Verschmelzung von Gott und Göttin als Mann und Frau in eurem Erdenleben.

Jesus und ich haben das genauso gelebt.
Wir haben es uns gegenseitig in unserer heiligen Liebesverbindung zur Aufgabe gemacht, gemeinsam wie eine Doppelhelix in die höchsten Ebenen von Bewusstsein und Liebe in der Materie aufzusteigen.

Jesus hat den Aufstieg vollbracht und seine Lichtspur des Bewusstseins und der Liebe des erlösten männlichen Aspekts für die Erde gelegt.

Auch ich habe in den vielen Jahren der Unterdrückung der weiblichen Aspekte auf der geistigen Ebenen weiter gewirkt, aber unerkannt.

Nun kann ich das ganz bewusst in euch tun, aus der geistigen und aus der Ebene eures Herzens heraus.

Jesus hat dieses für mich vorbereitet.

Ich werde jetzt den zweiten Teil übernehmen und euch praktisch anleiten, wie auch ihr euren Aufstieg, die Verbindung mit eurem Höheren Selbst, auf der Erde bewirken könnt, also eure persönliche Erleuchtung.

Ich bin überglücklich, dass nun die Zeit gekommen ist, wieder frei und in Liebe auf der Erde zu wirken.

Lange genug war hier das Bewusstsein von der Liebe getrennt, der Verstand vom Herz, der Himmel von der Erde, der Gral vom Gold und der Kelch vom Schwert.

Ihr alle seid Kinder des Grals! Jesus und ich haben dieses in anderen Bewusstseinsebenen hier für die Erde verankert.

Wenn ihr euch stetig weiterentwickelt und immer weiter in die Einheit gelangt, wird es irgendwann keine Trennung mehr von Männlich und Weiblich geben. Dann seid ihr wieder ganz Engel, aufgestiegen in die höchsten Ebenen des Lichts und nicht mehr verkörpert.

Doch nun genießt den jetzigen Stand eurer Entwicklung und eure Körperlichkeit.

Ohne die Körperlichkeit zu genießen und eure körperlichen Bedürfnisse anzunehmen, ist kein Aufstieg, keine Einheitserfahrung möglich.

Die Grundvoraussetzung für den Aufstieg ist die Liebe zum SELBST, also die Selbstliebe.

Die Liebe zum SELBST ist die Liebe zu GOTT.
Dein SELBST und GOTT sind EINS.
Dein Körper und dein Geist sind EINS.

Nimmst du dein SELBST, also GOTT, in dir wieder an, dann hast du diese erste Stufe zur Meisterschaft, GOTT auf Erden zu SEIN, erreicht.

Ihr alle habt in eurer Kindheit von euren Eltern Gott- und Göttinnenstrukturen übernommen, die heute nicht mehr dienlich sind.

In einer Zeit, in der das Bewusstsein in Form der puren Ratio, des Verstandes, die Erfahrungen machen wollte, wie es ist, ganz Verstand und Ratio zu sein, musste die Weiblichkeit hinten anstehen, sonst wäre diese Erfahrung nicht möglich gewesen.

Nun habt ihr genug Weisheit aus diesen Trennungserfahrungen gesammelt, das Bewusstsein ist so weit fortgeschritten, dass es die Weisheit erreicht hat, wie es ist, ohne Liebe zu sein. Ihr habt also alle die Nase voll und möchtet wieder nach Hause! Eure Sehnsucht nach dem Himmel und der Einheit ist unendlich stark.

Die Sehnsucht eures Körpers nach dem Geist, die

Sehnsucht eures inneren Mannes nach seiner inneren Geliebten unendlich groß geworden.

Ihr seid reif. Reif für den nächsten Schritt, euch bewusst zu Göttern und Schöpfern weiterzuentwickeln.

Nun gilt es, ganz bewusst Gott und Göttin in euch zu vereinigen. Verstand, Bewusstsein, Herz und Liebe wieder verschmelzen zu lassen.

Das ist der alchemistische Prozess der Heiligen Hochzeit in euch.

Danach kann dann eine Heilige Hochzeit mit einem irdischen, als Gott verkörperten Mann beziehungsweise einer als Göttin verkörperten Frau auf einer völlig neuen Ebene erfolgen, genau richtig für die NEUE ZEIT und die NEUE ERDE.

Wenn ihr alle im Gleichgewicht eurer magnetisch-elektrischen Energiestruktur seid, habt ihr die optimalen Strukturen für göttliche Schöpfungsprozesse erreicht! Das Symbol für diesen Zustand ist übrigens das heilige Hexagramm, der Davidstern.

Die Weisheit um diese Heilige Hochzeit ist in diesem Zeichen komplett erhalten geblieben.

Ihr habt ganz bewusst erkannt, dass ihr die gleichen

Schöpfungsprinzipien in eurem SELBST und dann im Außen mit eurem allernächstem SELBST (Geliebter, Geliebte) anwenden und so zu Göttern auf der Erde werden könnt.

Je mehr ihr dann euren Allernächsten und euer Umfeld als Geliebten/Geliebte annehmen könnt, umso mehr werdet ihr alle EINS. Zum Schluss wird sich das ganze Kollektiv zu einer einzigen Wahrheit aus Christusbewusstsein zusammenfinden. Je mehr es werden, umso größer dehnt sich das Christusprojekt in allen Universen aus. Wir sind euch vorangegangen und stehen nun als eure inneren Lehrer zur Verfügung.

Nun freue ich mich, das alte Wissen der Göttin wieder preiszugeben und dabei gleichzeitig die Mysterienschulen zu einer EINHEIT zu verbinden. Dadurch werden in euch das Dreieck nach oben (Bewusstsein) und das Dreieck nach unten (Energie, Liebe) wieder bewusst zu einer Einheit verbunden.

Die Schule des Bewusstseins und die des Herzens waren genauso getrennt. Ihr habt diese Schule getrennt voneinander besucht, um das Wissen von beiden Schulen in eurer Sophia zu vereinigen. Die Vereinigung hat auf der geistigen Ebene stattgefunden. Nun darf sie auf der Erde ebenfalls als Schule der Einheit in jedem gelebt werden.

Wenn ihr also eure Persönlichkeit in diesem Leben mit

Gott vereinen möchtet, wird in euch diese Verschmelzung stattfinden.

Die Voraussetzung dafür ist die Entscheidung, wieder Gott und Göttin zu sein und die göttlichen Eigenschaften, die euer SEIN eigentlich ausmachen, wieder in Anspruch zu nehmen.

Da ihr den freien Willen habt, dürft ihr wie in jedem Leben entscheiden, welche Erfahrungen ihr machen möchtet.

Wollt ihr weiter Erfahrungen der Trennung machen?
Bei manchen mag das sein.

Doch die meisten sind eigens gekommen, um dieses Mal die Trennung auf Erden in der Materie bewusst aufzuheben und das Paradies zu schöpfen und zu manifestieren.

Das war die Vision von Jesus, dem Christus, und die Vision der ganzen Menschheit. Jesus, der Christus, war damals das Sinnbild für erlöste Göttlichkeit auf Erden für die Menschen.
Damals war er leibhaftig euer höchster, göttlicher, bewusster und liebender Anteil in der Materie auf der Erde, und heute ist er es in jedem Einzelnen von euch.

Jesus, als männlich göttlicher Aspekt in euch, die Einheit von Herz und Verstand, eure vereinten männlichen und weiblichen Aspekte. Holt ihn vom Kreuz herunter und liebt ihn als euren inneren Mann, euren Christus in euch, euren inneren Aspekt göttlicher Männlichkeit in der Wahrheit und in der Liebe.

Übergebt dieser männlichen Polarität in euch die Führung, gebt ihm euch hin, dann wird er euch wie damals schon den Weg zeigen.

Deshalb ist er den Weg der Kreuzigung aus freiem Willen gegangen, um euch einen Spiegel der damaligen Menschheit und ihre Auffassung vom Göttlichen vorzuhalten.

Jetzt ist es so weit, seine wahre Vision zu leben:

Die Erlösung, das Reich Gottes auf Erden, das NEUE JERUSALEM in euch!

☆☆☆

Ich bin Jesus von Nazareth

Ich bin zurückgekommen in jedem von euch,
um meine Liebe zu leben
zu den Menschen,
zu den Tieren,
zu meiner Frau,
zu dieser Erde.
Im Hier und Jetzt,
in dieser Zeit,
zu dieser Stunde,
möchte ich, dass ihr erfahrt, wie alles war.
Damit die Menschen die Wahrheit erfahren
und mit ihrem Herzen fühlen können, dass es Zeit
ist für die Friedenszeit Gottes auf Erden.
Gottes Reich komme jetzt.
Gottes Wille geschehe jetzt!
Unser tägliches Brot gib uns heute,
unsere Schuld vergib uns heute,
deine Gnade gib uns heute,
dein Reich komme jetzt,
dein Reich beginne von heute an,
dein Wille geschehe von heute an,
deine Liebe gelte von heute an,
dein Licht fließe von heute an.
Lasst uns beginnen das Neue Zeitalter
von Licht und Liebe,
lasst uns beginnen das Zeitalter Gottes
hier auf Erden,

lasst uns anfangen zu lieben,
lasst uns anfangen, die Gesetze zu leben,
lasst uns anfangen, Gott und Göttin zu vereinen.
Im Glanz des Lichts, Schein der Ewigkeit,
loben wir dich, Vater Mutter Gott.
Lasst uns anfangen mit dem Friedensreich Gottes
auf Erden, heute, bis in alle Ewigkeit.
Amen.

Der Sohn des Lichts und der Liebe.

☆☆☆☆☆

Der innere Mann, die innere Frau – Gott und Göttin

„Der Mann in der Frau soll stark sein,
die Frau im Mann schwach..."

Da ihr die Erfahrung der Trennung machen wolltet, um bewusste Schöpfer im Universum zu werden, habt ihr alle damit entsprechend verbundene schmerzvolle Erfahrungen gemacht.

Ihr, die ihr die höchste Vision von Schöpfung im Universum seid, nämlich Bewusstsein und Liebe in EINEM, ihr seid aus freiem Willen in die Materie gegangen, als Kinder Gottes, die sich SELBST erfahren wollten.

Deshalb haben sich die Polaritäten von Männlich und Weiblich, Gott und Göttin getrennt, um getrennte Erfahrungen zu machen.

☆☆

Die Erfahrungen der weiblichen magnetischen Polarität

Als weibliche Polarität wolltet ihr genau wissen, **wie es sich anfühlt**, wenn man(n)

- sich selbst nicht liebt.
- sich selbst nicht vergibt.
- sich von sich selbst trennt.
- sich selbst nicht ERKENNT!

☆☆

Die Erfahrung der männlichen elektrischen Polarität

Als männliche Polarität wolltet ihr wissen (Weisheit integrieren), **wie es ist,** wenn man(n)

- dem puren Verstand die Führung gibt, also die SELBST-ERMÄCHTIGUNG an den Verstand abgibt.
- aus reinem Willen handelt, den puren Verstand walten lässt.
- sich die Erde, das Gefühl und das Weibliche untertan macht.
- sich das nimmt, was man will, egal, ob es zu einem gehört oder nicht.

Kurz: reiner göttlicher Wille zu sein!

Pioniere, Forscher, Entdecker und Weisheitssuchende seid ihr gewesen...

Bewusstsein

Woran erkennt man Bewusstsein?

Die deutsche Sprache macht auch hier ihre klare Aussage: Ihr erkennt es daran, dass ihr ab und zu Zustände von bewusstem SEIN erfahrt.

Es sind nur kurze Augenblicke, in denen ihr vollkommen angebunden seid an das allumfassende Bewusstsein, das keinen Raum und keine Zeit kennt. Doch je geübter ihr seid, desto häufiger werden diese Augenblicke.

Das Bewusstsein, das sich jetzt hier zu dieser Zeit, an diesem Ort zum Beispiel als Heinz und Claudia erfährt!

Ja, IHR seid die Erfahrung des Bewusstseins, das ihr GOTT nennt.

Ihr seid Gott und habt die Möglichkeit, euch hier und jetzt in eurem Körper dessen bewusst zu sein.

Gott in euch hat sich entschieden, in einem menschlichen Körper menschliche Erfahrungen zu machen.

Ihr seid ein kleiner wunderbarer Teil dieses riesigen universellen Bewusstseins, des Vaters, des Himmels, des Geistes, das sich hier in eurem Körper als eure Persönlichkeit manifestiert hat. Ist das nicht wundervoll?

Ihr seid also das Licht selbst!

Ihr seid der Geist, der diesen Körper be-seelt, und ihr seid gleichzeitig auch der Geist, der das ganze Universum be-seelt...

☆☆

Ohne Leere keine Fülle...

Ist der Kelch leer, kann er sich füllen.
Betrachte deinen Körper als Kelch,
deine Seele als das Licht und das Bewusstsein,
das den Kelch füllt und zum Überquellen bringt!
Wie im Innen, so im Außen.
Wer im Innen reich angefüllt ist
mit Gottes Wahrheit und Liebe,
dem wird im Außen der Kelch nie leer werden.

☆☆

Die Menschenseele Sophia hat einen langen Entwicklungsweg hinter sich Dieser Entwicklungsweg dauerte von der Trennung aus der Gesamteinheit des vollständigen Bewusstseins von Allem-was-ist bis heute,– die Zeit, in der ihr erkennt, dass ihr euch zu bewussten Schöpfern entwickelt.

So ist das Seelenkollektiv des Menschen Sophia, also Gott, der sich vom geliebten Kind-Gott zum geliebten Schöpfer-Gott bewusst entwickelt.

Die Entwicklung dauerte eine ganze Zeit, denn es musste noch eine weitere Erfahrung gemacht werden:

Die Trennung des Bewusstseins von der Liebe, die andere Polarität von ALLEM-WAS-IST auf allen Ebenen des Seins.

☆☆☆

Liebe

Die Liebe ist die stärkste Macht und Kraft im Universum. Sie ist der andere Teil von Gott. Als Einheit in der Urquelle sind und waren sie niemals voneinander getrennt.

Gott und Göttin, Bewusstsein und Liebe. Denn nur in dieser Einheit kann Schöpfung entstehen. Und so habt ihr durch die Trennung von beiden Polaritäten in euch gelernt, bewusste und liebende Schöpfer zu sein beziehungsweise, ihr seid gerade noch dabei, es zu lernen.

Die Liebe ist die allumfassende Kraft und Energie, reine Schöpferenergie, die Matrix.

Die Matrix ist das NICHTS, das doch alles enthält, das Alles-in-sich-Aufnehmende.

Der Geist verschmilzt mit der Matrix in einem physikalischen Ablauf. Elektrische Energie gibt den Impuls, magnetische Energie gibt die Kraft, es umzusetzen und zu materialisieren!

Genauso verhält es sich in eurem Körper hier in der Materie!

Euer Geist (Gott) bewohnt den Körper (Göttin) und befruchtet diesen mit Impulsen zur Umsetzung und zur Manifestation. Ihr seid also der Gral, und der Geist ist das Gold im Gral.

Das also ist das Geheimnis des Grals...

Ihr selbst wart also bisher euer größtes, eigenes Geheimnis.

Je stärker ihr die Liebe bewusst zu euch (zurück)kommen lasst, umso besser könnt ihr schöpfen und manifestieren! Denn ohne Liebe und ohne die Liebe eures Selbst ist keine göttliche Schöpfung möglich.

Ohne die Liebe entstehen Schöpfungen ohne Herz, reine Geburten des Verstandes, Ideen und Pläne, die dem Menschen und der Erde schaden.

☆☆

Wie fühlt sich Liebe an?

Sie macht dich stark,
sie macht dich frei,
sie macht dich glücklich.
Sie wird dafür sorgen,
dass du dich geborgen fühlst,
wo immer du bist.
Sie wird dich nie davon abhalten,
DU zu SEIN, einfach zu SEIN.
Sie ist das beste Bild, das du von dir malen würdest.
Sie ist die beste Musik, die du je machen würdest.
Sie ist alles, was du dir träumen lässt,
und noch viel mehr.
Du brauchst sie nur in dein Leben zu lassen...

Liebe

Ohne die Liebe,
das alles verbindende Prinzip,
ist nichts verbunden,
also alles getrennt.

☆☆

Die beste, harmonievollste und effektivste Schöpfung geschieht im Stadium höchster Selbsterkennung/Selbstgnade und Selbstliebe.

Die wunderbarste Schöpfung (die übrigens ihr seid) entstand also beim Verschmelzen höchsten Bewusstseins mit höchster Liebe, und daraus entstand der Mensch.

☆☆

Nada

Liebe ist bedingungsloses Annehmen von Allem-was-ist.
Sie ist absolut neutral, samtweich, tiefschwarz,
ohne Wertung.
Alles-was-ist erfährt sich durch Bewusstsein.
Die Göttin ist die Leere, das Nichts.
Das Nichts nimmt das Bewusstsein in sich auf,
das Bewusstsein nistet sich ein.
Daraus entsteht neue Schöpfung.

Planeten,
Sterne,
Erde,
Seele,
Pflanze,
Tier,
Mensch,
das DU,
das ICH BIN.

☆☆

Und da ihr diese Kodes in euch tragt und Götter seid, wird es höchste Zeit, Liebe und Bewusstsein in euch zu vereinen, damit ihr bewusst und liebend in Ekstase schöpfen könnt.

Das Paradies, die Neue Erde zum Beispiel – bis hin zu eigenen Universen.

Spannend, nun ent-deckt ihr also euch selbst, ent-deckt euer SELBST!

Das ist spannender als jeder Film in euren Kinos.

Das ist Leben und Erfahrung LIVE!

Die heilige Hochzeit mit dem Selbst

Die Zeit, die Vergangenheit des Ungleichgewichts beider Polaritäten loszulassen, ist nun da! Ihr wisst, fühlt und erlebt es täglich.

Ohne Einheit von Herz und Verstand, Liebe und Bewusstheit, kommt ihr immer aufs Neue an eure Grenzen. Ihr könnt keine klaren Entscheidungen mehr treffen, fühlt euch verwirrt und ratlos, kommt euch vor wie willenlose Flaschenpost im tobenden Ozean. Werdet ihr jemals ankommen? Diese Frage steht stumm in eurem Innern...

Euer innerer Kompass dreht sich wie verrückt, und viele von euch erleben das als Schwindel und körperliches Unwohlsein, bis hin zu ernsthaften Erkrankungen.

Eure Seelen machen ganz schön Druck. Sie wollen geboren werden, hinaus ins Leben, um zu lieben, zu schöpfen und das Paradies in Freude und Leichtigkeit neu aufzubauen.

Alles, was nicht mehr der Wahrheit eures höchsten Selbst, also Gott in euch, entspricht, zerplatzt und zerbricht um euch herum.

Eure Ehen und „Beziehungen“ gehen auseinander, eure Geschäftskonzepte zerbrechen, ganze Firmen gehen Pleite, und alle alten Systeme brechen zusammen.

Sie passen nicht mehr in die neue Gesellschaft, denn alles, was mit purem Verstand und aus einer aus dem Verstand heraus geborenen Verbindung geschieht und nicht mehr der Herzenswahrheit, wird zerbrechen. Und die Wahrheit der Menschen ist das Christusbewusstsein, die Einheit aus Wahrheit, Liebe, Bewusstsein.

Ihr habt euch alle unbewusst schon längst für euren Aufstieg entschieden, die Mehrheit eures Kollektivs Mensch hat sich entschieden. Es sind so viele Seelen mit hoher Liebesenergie die letzten fünfzig Jahre hier inkarniert, dass sie die absolute Mehrheit ergeben.

Das ist wirklich ein Grund zur Freude!

Nun beginnt der Erfolgszug des neuen Bewusstseins auf der Erde. Ihr werdet bewusste und liebende Schöpfer.

Es ist also ratsam, eine Entscheidung zu treffen: für Gott in euch und damit für wahres Bewusstsein und wahre Liebe als Einheit in euch.

Wollt ihr das?

Ihr könnt euch immer noch anders entscheiden. Wisst, dass dies sowieso nur eine Entscheidung eures Egos ist, weil ihr noch Angst habt. Das Ego erzeugt die Angst. Macht euch das bewusst, dass es das Ego ist, das euch vom Reich Gottes in euch fern hält.

In Wahrheit gibt es keine Trennung. Die Trennung wird von einem Verstand erzeugt, der vor der Verschmelzung mit dem Selbst *noch dem Ego dient,* und nicht Gottes Liebe in euch!

Alles, was gut und wahr für euch ist, bewirkt immer ein gutes, ja, freudiges Gefühl in euch. Denn Gott, eure Seele, kommuniziert durch Gefühle mit euch.

Einem schlechten Gefühl liegt immer ein alter Glaubenssatz zu Grunde, der mit eurer Göttlichkeit nicht in Einklang steht.

Nun, da ihr immer mehr ins Herz kommt, könnt ihr immer stärker fühlen, was sich gut und was sich schlecht anfühlt. Ihr könnt prüfen, ob etwas eurer Wahrheit und eurem Seelenweg entspricht, wenn ihr euch erlaubt, eure Gefühle dazu ganz bewusst wahrzunehmen.

Eure Gefühle sind ein Unterscheidungssystem in euch. Alles, was gut und richtig für euch ist, fühlt sich super an, macht euch freudig, bewegt euch, bringt Energie. Alles, was euch nicht mehr entspricht, macht euch müde, schlapp, energielos, traurig, wütend, ängstlich. Festhalten an Altem bringt Resignation und Stillstand.

Jedes Gefühl ist immer an ein Gedankenmuster geknüpft. Manchmal reagiert ihr auch aufgrund alter Gedankenmuster, die aus der Vergangenheit und eurer Kindheit stammen. Indem ihr wieder mit eurem Inneren Kind Kontakt aufnehmt und es bittet, euch alte Gedankenstrukturen, die euch jetzt hinderlich sind, ins Tagesbewusstsein zu bringen, bringt ihr immer mehr euer Unterbewusstsein mit eurem Tagesbewusstsein in Einheit.

Der nächste Schritt ist dann, eure Polaritäten in euch in Einheit zu bringen, also männliche und weibliche Muster in euch zu klären. Daraufhin kann die Verschmelzung mit eurem Hohen Selbst erfolgen.

So gibt es viele kleine Erleuchtungen in euch auf diesem Weg dahin. Genießt sie und freut euch daran. Der Weg ist das Ziel.

Die meisten männlichen und weiblichen Muster habt ihr natürlich von euren Eltern übernommen. Als ihr auf die Erde kamt, wart ihr perfekt und vollkommen, und ihr wusstet das.

Ihr nahmt langsam Kontakt mit der Außenwelt auf und kamt dadurch immer mehr in die Trennung. Je größer euer Körper wurde, umso stärker wurde die Trennung zur geistigen Ebene in euch.

Wie konnte das geschehen?

Es konnte dadurch geschehen, dass ihr das Bewusstsein um euch herum wahrgenommen habt. Je mehr euch bewusst wurde, dass eure Eltern nicht Gott und Göttin sind, umso mehr habt ihr den Glaubenssatz, selbst nicht göttlich zu sein, übernommen und seid so immer stärker aus eurer bewussten göttlichen Macht herausgekommen.

Göttlich seid ihr so oder so, es macht aber einen gewaltigen Unterschied, ob ihr bewusst göttlich seid und genau wisst, was ihr tut, oder ob ihr es unbewusst seid und alles um euch herum geschieht auf geheimnisvolle magische Weise, und ihr wisst nicht, wie und ob ihr überhaupt Einfluss darauf nehmen könnt.

Ihr könnt!

(Und die Zeiten, in denen ihr dafür bestraft wurdet, sind Gott sei Dank endgültig vorbei!)

Eure Eltern und Ahnen sind in einer Zeit aufgewachsen, in der das Bewusstsein viel langsamer anstieg als heute. Sie trugen also Glaubenssätze, nicht göttlich zu sein, von Generation zu Generation weiter.

Ihr seid nun gekommen, um endlich die alten Glaubensmuster zu sprengen und an die Wahrheit in euch zu kommen: an Gott in euch, eurem SELBST!

Diese Wahrheit wird euch frei, glücklich, leicht, unbeschwert und unendlich friedvoll machen. Sie wird dafür sorgen, dass ihr in Liebe und Ekstase euer Paradies schöpfen könnt!

Denn das ist es, was ihr seid: freudvolle Schöpfer eures Paradieses!

☆☆☆☆☆

Der Weg zum Selbst und in die heilige Dreieinigkeit

Die Horusschulen und der Isistempel in Ägypten

Wir beschreiten nun den Weg, der auch damals in Ägypten ein Weg zur Bewusstwerdung und zur Verschmelzung mit dem Selbst war.

Die ägyptische Betrachtungsweise der inneren Alchemie, die heute wieder ins Bewusstsein gelangt, hat ihren Ursprung in Atlantis, Lemurien, auf der Erde und anderen Planetensystemen, die in sich diese Erfahrungen bereits gemeistert haben.

Das Wissen über die göttlichen Kodes und die Schöpfungsprozesse ist in ihr enthalten und verschlüsselt.

Ein Teil davon ist die Lehre von der heiligen Dreieinigkeit, die damals Isis, Osiris und Horus genannt wurde.

Jesus und ich, wir gingen diese Entwicklung und diese Lehre durch, um uns später zu vereinigen:

als Mann und Frau,
als Gott und Göttin,
als Bewusstsein und Liebe,
und als heilige Einheit im Innen und im Außen.

Die Weisen aus Atlantis überlieferten ihr Wissen um die Schöpfung eingeweihten Menschheitslehrern und Priestern in Ägypten. Diese Lehren, die heute jedermann zugänglich gemacht werden, wurden damals nur bestimmten Menschen offenbart.

Schon immer war es ein Geheimnis und ein Attribut der Macht, über die Schöpfungsabläufe Wissen zu erhalten. So blieben Informationen, die heute nach und nach ans Licht zurückkommen, einer gewissen Oberschicht oder Priesterschaft vorbehalten.

In Ägypten gab es Einweihungswege, die die Priester zu durchlaufen hatten. Thoth hat darüber schon ausführlich berichtet, es handelte sich um die rechte und die linke Horusschule. Ziel der Horusschule war es, Menschheitslehrer auszubilden, die dafür sorgten, dass das Wissen nicht verlorengeht, und entsprechende Felder für die Erde zu installieren, sodass es überhaupt für euch möglich werden konnte, heute darauf zurückzugreifen.

In den Horusschulen selbst ging es darum, über bestimmte Initialisierungen (Ausbildungswege) Bewusstheit und Liebesfähigkeit parallel zu entwickeln. Die Initiationstempel waren Ausbildungsstufen, die die Schüler in einem bestimmten Ablauf zu durchlaufen hatten.

Bewusstseinsübungen beziehungsweise Mentaltraining, wie ihr heute dazu sagt, waren Bestandteil, sowie das Meistern der Emotionen und das Durchschauen der Dimensionen des eigenen SELBST.

Jesus dazu: „Meines Vaters Haus hat viele Wohnungen...“

Jede Dimension wurde einem bestimmten Wächter oder einer bestimmten Gottheit zugeordnet. Ziel war es, die absolute Bewusstheit und das absolut reine Herz zu erreichen und sich damit selbst zu einer Gottheit/einem Pharao (einem Auferstehenden) zu entwickeln.

Der Weg des Pharaos war also ursprünglich ein Einweihungsweg, der nur bestimmten Adels- und Priestergeschlechtern zugängig war.

Bis zu dem Zeitpunkt, an dem die Pharaonengeschlechter immer korrupter wurden und das eigentliche Erbe des Horus verlorenging, waren die Tempelanlagen perfekte Bewusstseins- und Liebesschulen, um in Einheit mit Gott und dem höchsten Selbst eine Entwicklungsstufe im Mensch-Sein zu erreichen, die anderen Menschen noch verborgen blieb: Die Unsterblichkeit, das bewusste Wechseln in andere Dimensionen und das bewusste und gefühlte Wissen um die Mehrdimensionalität des Menschen und seine Unsterblichkeit.

Auch das Manifestieren, Materialisieren und Entmaterialisieren waren Teil der Ausbildung.

Dem Pharao war also klar, dass es nur den körperlichen Tod gibt und die Menschen als mehrdimensionale Wesen in weiteren Stufen des SEINS in anderen Dimensionen als Geistwesen weiterexistieren.

Die ursprünglichen Pharaonengeschlechter waren Nachkömmlinge der Wesenheiten von Sirius und der Nephilim, die beide die genetischen Eltern der Menschheit waren.

Sie wussten, dass ihre Seelen, ihre Geister, in Wahrheit aus anderen Dimensionen auf die Erde ins Fleisch kamen und sie nach dem Tod wieder dorthin zurückkehren würden.

So war das Wissen über die Unsterblichkeit fester Bestandteil der Horusschulen.

Die Geschichte von Isis, Osiris und Horus war ein Gleichnis für die auseinandergerissene heilige Dreieinigkeit im Menschen, die eines Tages wieder vereint werden sollte, viele tausend Jahre später, heute in euch, so, wie es damals ausgesuchten Menschheitslehrern durch die Horusschulen möglich gemacht wurde.

Mein Teil der Ausbildung war die Ausbildung zur Isis-Priesterin im Philaetempel. Dieser war damals zu meiner Zeit sehr populär, und es hatten sich hier das Wissen und die Weisheit über die magnetische Energie der Göttin erhalten.

Als Frau war mir die Absolvierung der Horusschule entlang des Nils in Ägypten nicht möglich, denn diese Schule war nur Männern vorbehalten.

Es gab bestimmte Teile der Ausbildung, die auch Frauen durchlaufen konnten, jedoch nur bis zu einer bestimmten Stufe.

Im Gegenzug dazu wurden heilige Frauen, Priesterinnen, am Dienst der Göttin ausgebildet, was den Männern bis zu einem bestimmten Punkt nicht weiter möglich war, denn sie konnten zu dieser Zeit noch nicht ein die Mysterien der Göttin eindringen, das war den Frauen vorbehalten.

In Atlantis waren beide Schulen vereint, wurden jedoch nach dem Niederfall getrennt, und damit auch das Wissen beider Schulen. Erst heute, in eurem Zeitalter, ist die Menschheit wieder bereit, beide Schulen, die der Liebe und die der Bewusstheit, wieder in sich zu vereinen.

Die Ausbildung damals war sehr langwierig und zeitaufwändig. Das ist heute sicher nicht anders, der Ablauf gestaltet sich allerdings völlig anders.

Damals waren die Tempel Schauplatz der Mysterienschule, heute sind es das Leben selbst und die Reflektionen eures Höheren Selbst aus euch heraus.

Aus diesem Grund werde ich auch nicht weiter auf die Schulen der Vergangenheit eingehen, es sollte lediglich eurem Verständnis der Geschichte dienen.

Ich durchlief also meine Ausbildung im Isistempel und kam danach wieder zurück in mein Heimatland zu meiner Familie, um dort auf Jeshua, meinem künftigen Geliebten, zu treffen.

Im Tempel der Isis durchlief ich verschiedene Reinheitsrituale und Initialisierungen in Herzalchemie, die mein Herz und meine Ahnenenergien klärten.

Ich war mir vollkommen bewusst, wer und was ich bin,– ein Kanal für reine, göttliche, bedingungslose Liebe und für die Mutter.

Die bedingungslose Liebe und die Energie Gottes, die ich in meinem Selbst während meiner Ausbildung gelernt hatte freizusetzen und auszustrahlen, ließen mich zu einem perfekten Gegenpol zu meiner Zwillingsseele Jesus werden.

Ich lernte im Isistempel nicht nur, die Liebe meines SELBST vollkommen zu leben, ich lernte auch, meinen Körper als magnetisches Tor für die magnetische Energie der Erde zu nutzen. Doch mein bester Lehrer war Jesus, denn von ihm lernte ich die andere, die männliche Hälfte in mir zu klären und voll zu erschließen. Er reinigte mein

Glaubenssystem und meinen Verstand, sodass ich innerlich eins werden konnte, um mich dann mit ihm zu vereinigen.

Es gab verschiedenen Wege des heiligen Tantras (Sexualmagie der Isis, der Göttin), während derer ich lernte, diese Energien über Atmung und Visionalisierung durch meinen Körper zu leiten und so mein eigenes Energiesystem zu stärken, als auch das eines Mannes, der aus diesem Grund zu mir kommen würde.

Die Männer kamen in den Isistempel, um sich hier mit der Göttin selbst zu verbinden und daraus Energie und Kraft für ihre Entwicklung und ihre bewussten Schöpfungen zu ziehen.

Die Frauen mussten also ein geklärtes Herz und reine Energiestrukturen haben, um die Liebesenergie bedingungslos und in Hingabe empfangen und weitergeben zu können. Die weibliche Energie in uns, die magnetische Liebesenergie, ist die Transformationsenergie, die Energie der vollkommenen Wandlung.

Die Männer hingegen, denen es gestattet war, das Ritual mit der Göttin zu feiern, waren ebenfalls in den Energien des Geistes, des Bewusstseins und der absoluten Klarheit, also in den Strukturen des Geistes geklärt und gereinigt.

So wurden beide zu Gott und Göttin in der Materie und konnten hohe Prozesse der Schöpfung auf allen Ebenen vollziehen.

Das war krönender Abschluss der Horusausbildung und Teil der Erkenntnis, zum Schöpfer zu werden und Schöpfer zu sein.

Der Schöpfung im Innen und im Außen wurde auf diese Weise auch gehuldigt.

Die Heilige Hochzeit im Außen als Priester und Priesterin war einer Vielzahl an Richtlinien und Gesetzmäßigkeiten unterstellt, die heute für euch keine Bedeutung mehr haben.

Die Sexualmagie war also ein Teil des Weges, der zur Erleuchtung beigetragen hat.

Leider ist sie im Laufe der Zeit in den Tempeln selbst und bei denen, die sie gelehrt haben, immer mehr von der göttlichen Wahrheit abgespalten worden, bis fast nichts mehr von der Reinheit übrig war und die Weisheit teilweise absichtlich verfälscht und verunreinigt wurde.

Aus den ehemals heiligen Frauen wurden dann tatsächlich Huren, denn der Wert der Frau wurde durch die Verurteilung des Weiblichen herabgestuft, ja, sogar verdammt.

Heute kann durch euch ebenfalls diese Sexualmagie dazu genutzt werden, eure Schöpfungen zu verstärken und euch ein stärkeres Gefühl der Einheit zu geben. Die Voraussetzung ist aber, dass ihr zunächst eure eigene Einheit in euch findet, ein alchemistischer Prozess, der in euch selbst durch die Verschmelzung mit eurem göttlichen Selbst stattfindet.

Warnen möchte ich vor einer Sexualität, die durch Lust und Gier an das untere Chakra gebunden ist und nicht mit einem geklärten Herzen vollzogen wird, denn sie birgt die Gefahr der Hörigkeit, Abhängigkeit und Sucht.

Bei dieser Art von Sexualität finden Befriedigung und körperliches Wohlergehen statt, das wichtig ist und das ihr genießen dürft. Sie wird jedoch nie das ersetzen können, was ihr in Wahrheit sucht: die Vereinigung mit Gott und Göttin im Herzen.

Das echte Tantra setzt voraus, dass ihr parallel in euch die Verschmelzung mit dem Göttlichen (nur über das Herzchakra möglich) zur Vollendung bringen möchtet.

Der Liebesakt im Außen ist nur der Spiegel dessen, was vorher in eurem Innern, im Herzen und im Geist vollzogen wurde!

In den rechten Tantralehren wird genau das auch betont, und ich möchte in diesem Buch helfen, diese Prozesse besser zu verstehen, damit ihr durch euer Verständnis eure Entwicklung besser genießen und integrieren könnt. Alles darf sein, und alles ist in Harmonie, auch wenn ihr euch durch Missbrauch, insbesondere der unteren Chakren, die der Erde und der Weiblichkeit zugeordnet sind, manchmal erst einmal davon erholen müsst und euch deshalb die Erde in euch noch verschlossen bleibt.

So ist euch manchmal der Himmel (die oberen Chakren) und manchmal die Erde (die unteren Chakren) durch alten Schmerz und Erinnerungen verschlossen, je nachdem, was eure Seelen noch integrieren wollten oder durch Karma ins Gleichgewicht gebracht werden musste. Das alles befindet sich in der Heilung, und der Heilprozess ist mit Schmerz und mit schmerzhaften Emotionen, die in eurem Körper abgespeichert sind, verbunden. Je geklärter euer Herz ist und je gereinigter eure Energiekörper, desto stärker und freier ist der Fluss der männlichen elektrischen Energie des Himmels und der weiblichen magnetischen Energie der Erde in euch selbst.

Eine körperliche Vereinigung zweier Menschen, die bestrebt sind, auf diese Weise eins mit Gott zu werden, können die höchsten ekstatischen Glücksgefühle erleben und in diesem Zustand wundervolle Schöpfungen vollbringen.

Dies alles war also Bestandteil meiner Ausbildung, so, wie übrigens auch der von Maria, der Mutter meines geliebten Jeshuas.

Als heilige Isispriesterinnen/Marien wurden wir zum Heiligen Gral, zum weiblichen Teil Gottes, der durch den männlichen Teil Gottes (Bewusstsein) eine Befruchtung erfährt, im geistigen, wie auch im körperlichen Sinn.

Wir standen also körperlich und geistig für die Liebe und die weibliche Kraft Gottes, so, wie die Männer körperlich und geistig für das Bewusstsein und den Willen Gottes standen.

Als männlich-weibliche Einheit im Außen waren wir also ein heiliges Paar, das heilige Schöpfung vollbringt.

Maria hatte in dieser, unserer heiligen Dreieinigkeit die Rolle der Muttergöttin, und ich die der Geliebten und Frau inne.

Wir wurden also beide auf unterschiedliche Weise vorbereitet auf das, was uns mit Jeshua künftig verbinden würde, und wir waren im wahrsten Sinne des Wortes heilige Frauen, von größter innerer Reinheit und Vollkommenheit, ausgerichtet auf den Liebesdienst an Gott.

Es war klar, dass Jeshua eines Tages von der Muttergöttin zur geliebten Göttin wechseln würde, so, wie das übrigens bei jedem Menschensohn auf der Erde abläuft.

Da wir alle zu den Geschlechtern gehörten, in denen sich das so abspielte und wir dadurch auch zu heiligen

Personen im Außen werden würden, war uns das wohl bewusst. Wir hatten uns für diesen Dienst zur Verfügung gestellt, denn unsere Seelen waren und sind Dienstseelen, Menschheitslehrer, die euch nur vorangegangen sind. Das ist übrigens die eigentliche Bedeutung eines Priesters oder einer Priesterin, die wir damals waren.

Der spätere Kirchenklerus hat aus der Sexualmagie und der Herzalchemie absichtlich eine Lüge gemacht, um die natürlichen Abläufe der Schöpfung zu verschleiern und den Menschen den Zugang zum inneren und äußeren Paradies zu verwehren.

Sie leugneten den Teil der weiblichen Polarität und trennten somit wieder die Göttlichkeiten voneinander, indem sie die innere und äußere Hochzeit und die Weiblichkeit und Körperlichkeit als Sünde verurteilten.

Die Frau und die Weiblichkeit wurden dazu benutzt, die Trennung aufrechtzuerhalten, was bis zum heutigen Tag Spuren in eurer Seele hinterlassen hat. Deshalb mussten die Göttinnenaspekte nach wie vor aus den Tempeln entfernt werden, und es wurde später nur ein Göttinnenaspekt zugelassen: Maria, die Muttergöttin. Sie verkörpert jedoch nur einen Teil der weiblichen Polarität. Der andere Teil, die Schöpfung selbst, der Akt der Schöpfung und die Freude daran wurden verdammt und gingen somit verloren.

Wir wurden auf diese Weise Vergangenheit und Zukunft in einem, denn was wir damals versuchten zu leben, konnten wir wenigsten auf den geistigen Ebenen vorbereiten, damit ihr es heute endlich leben und das Paradies Erde wieder aufbauen könnt.

Und so ist es nicht weiter verwunderlich, dass Jeshua durch die Osiris-Initiation gegangen ist, um das Fortschreiten der Einheit auf der Seelenkollektivebene des Menschen weiter voranzubringen.

Nun kommen wir also zur Entschlüsselung der Horusmagie, wie ihr sie heute für euch zur Verbindung mit eurem höchsten Selbst und der Einheit Gottes in euch betrachten könnt.

Mögen euer Wille und eure Liebe stark genug sein, euch den Spiegel eurer Seele zur Vervollkommnung anzuschauen und den Weg der Erkenntnis (erkennet und erinnert euch, dass ER in eurem Inneren ist) zu gehen.

Die Liebe und der Friede seien stets mit euch!
In bedingungsloser Liebe zu ALLEM-WAS-IST.
Mirjam aus Magdala

☆☆☆

Wir sind Maria Magdalena und Jesus, der Christus, in dir

Wir sind zurückgekommen in dir,
um Liebe und Bewusstsein, Herz und Verstand,
Körper und Geist,
als Einheit in dir verschmelzen zu lassen,
die Liebe zwischen Frau und Mann zu leben,
die Polaritäten zu vereinen.

Das Paradies neu zu schöpfen und auf der Erde
zu leben,
die Menschen untereinander in Liebe zu vereinen,
die Tiere als Brüder und Schwestern zu ehren,
die Erde und die Natur als Manifestationen unseres
Glaubens an das Paradies zu ehren.

Das Paradies Erde in ein neues Zeitalter
von Gottes Wahrheit und Liebe zu führen.

Gott macht uns täglich neu.
Gott macht uns reich im Innen und im Außen.
Gott nährt uns mit Liebe, Licht und Wahrheit.
Gott gibt uns alles, was wir brauchen und wünschen.
Vater-Mutter-Gott ist unsere Quelle.
Wir preisen Gott in allem Alles-was-Ist.

OM.

Das Innere Kind (Horus)

Dein Inneres Kind, der Schlüssel zu Gott in dir.

Jesus spricht: „Werdet wieder wie die Kinder, und das Reich Gottes ist euer!“

Auch in diesem Satz steckt eine wichtige Lehre, eine Aussage darüber, **wie** ihr stets mit eurer göttlichen Quelle in euch verbunden seid.

In der Dreieinigkeit nehmt ihr das Kind ein. Ihr seid das Kind von göttlichem Bewusstsein (Vater) und göttlicher Liebe (Mutter).

Indem ihr euch (zwangsläufig) in die Verstandeswelt der Erwachsenen begeben habt, habt ihr den Zugang zu eurer kindlichen Freude und automatischen Verbundenheit mit Gott getrennt.

Ihr habt Erfahrungen gemacht, dass ihr womöglich bestraft worden seid, wenn ihr gar zu fröhlich, energiegeladen, strotzend vor Ideen und Spielen eurer Erwachsenenwelt gespiegelt habt, wie wenig Freude und Lust in ihr vorhanden ist.

„Tue dies nicht“, „das macht man nicht“, „lass das sein, das gehört sich nicht“, „sei nicht so laut, sei nicht so unruhig, bleib ruhig sitzen“, usw.

Je mehr ihr euch der Erwachsenenwelt und ihren Verhaltensregeln untergeordnet habt, um keinen Ärger zu bekommen, umso mehr habt ihr euch von eurer eigenen Freude und Kreativität abgeschnitten.

Realisiert, dass die Freude, die Lust am Spielen, nur mit eurem Inneren Kind zu finden ist.
Das Leben ist ein göttliches Spiel!

Wenn ihr die Lust am Spielen vor lauter Verboten und Maßregelungen verloren habt (so wie die meisten Erwachsenen, die ein Leben nach den Vorstellungen einer anderen Generation und nicht ihrer eigenen führen), wird euer Leben nur noch halb so viel (oder noch weniger) Farbe und Freude haben.

Ihr habt gelernt, nicht mehr auf das zu hören oder zu achten, was eurem Inneren Kind wahrhaft Freude bereitet.

So wie im Außen auf die Kinder nicht geachtet wird und sie in ihrem Spiel nicht ernst genommen werden, so achtet ihr auf euer Inneres Kind ebenfalls nicht mehr. Es ist euch verloren gegangen. Und mit ihm eure gesamte Kreativität, Lebensfreude und Ekstase am reinen Sein!

Deshalb ist es von größter Wichtigkeit, euer Inneres Kind wieder zum Leben zu erwecken!

Nur so bekommt ihr wieder Zugang zu eurer Göttlichkeit, es ist sozusagen der Schlüssel zu eurer Seele und eurem innersten und höchsten SELBST, ein Teil der heiligen Dreieinigkeit Vater-Mutter-Kind.

Das Verschmelzen des Unbewussten, das für das Innere Kind steht, mit eurem höchstem Selbst, dem Göttlichen, bewirkt, dass ihr ein geführtes Leben in Freude habt, alles in Leichtigkeit und auf spielerische Art geschehen kann.

So wird euer Leben ein Tanz, das Spiel eurer Seele mit eurem Inneren Kind.

Je mehr euer Inneres Kind der göttlichen Führung vertraut und sich in das Göttliche, die Führung durch die innere Stimme, eure innerste Wahrheit, fallen lassen kann, umso leichter gelingt alles, was ihr euch für euer Spiel und euer Sein hier ausdenkt und erfahren möchtet.

Wie bekomme ich Zugang zu meinem Inneren Kind?

Gehe in die Stille und bitte dein Unterbewusstsein/dein Inneres Kind in Liebe um Bilder aus deiner Kindheit.

Lass dir ein Bild geben, mit dem du dich vollkommen identifizieren kannst.

Lass dir den Namen geben, vielleicht einen Kosena-

men aus der Kindheit, der Name, mit dem du dich als Kind sehen kannst.

Achte von nun an regelmäßig, wenn du in die Stille gehst und Antworten von Gott in dir hören möchtest, auf dein Inneres Kind.

Was macht es? Wie geht es ihm? Ist es traurig, wütend, fröhlich, zufrieden, unzufrieden?

Frage nach, warum es sich so fühlt.

Gib ihm liebevolle Zuwendung, so, als wenn du mit deinem eigenen Menschenkind reden würdest, wenn du ein Kind hast.

Dein Inneres Kind wartet nur darauf, von dir als eigenständiger Teil in dir wahrgenommen zu werden.

Da dein Inneres Kind Zugang hat zu deinen Wahrnehmungen auf allen Ebenen des Seins in der Vergangenheit, der Gegenwart und der Zukunft, hast du zugleich Zugang zu deiner Intuition, zu allem Wissen, das du bewusst und unbewusst gelernt und abgespeichert hast.

Du hast Zugang zu einem riesigen Repertoire an Erfahrungen, Gelerntem und übernommenem Wissen. Du hast Zugang zu übersinnlichen Wahrnehmungen, deinem „siebten" Sinn!

Dein Inneres Kind hat nichts vergessen. In deinem Unterbewusstsein ist alles abgespeichert, jeder Glaubenssatz, jedes Muster, das du bewusst oder unbewusst von den Erwachsenen gelernt und übernommen hast.

Dein Inneres Kind ist der wichtigste Teil, dir in Zukunft bei deiner bewussten Schöpfung deines Paradieses zu helfen.

Um den vollen Rahmen deiner Göttlichkeit hier auf der Erde zu deinem und zum Wohle aller Wesen richtig auszuschöpfen, ist Folgendes von größter Wichtigkeit:

Erlaube dir, wieder dein Inneres Kind wahrzunehmen

Erlaube deinem Inneren Kind, dass es sich dir vollkommen öffnet

Liebe diesen kindlichen, naiven und unschuldigen Teil in dir, so oft du kannst (Selbstliebe).

Mache dir bewusst, dass du als Kind sehr viele Muster der Erwachsenen übernommen hast, die dir jetzt zur Schöpfung deines Paradieses nicht nützlich sind, und erlaube dir, dass diese Muster in dein Tagesbewusstsein steigen dürfen.

Erlaube dir zu erkennen, dass deine Eltern und andere Erwachsene genau das gleiche Problem haben wie du: Sie haben sich ebenfalls von ihren inneren göttlichen Kindern getrennt. Aus diesem Grund konnte überhaupt die Trennung vom Göttlichen stattfinden!

Es ist jetzt von größter Wichtigkeit, dass du dir wieder erlaubst (auch im Namen oder anstelle deiner Eltern), den Kontakt zu deinem Inneren Kind zu halten, und ihm erlaubst, in der göttlichen Einheit SEIN zu dürfen.

Als Kind hast du gesehen und erfahren, dass du, verbunden mit deiner Göttlichkeit, unerwünscht bist. Du hast die Erwachsenen zu sehr an ihre eigenen Trennung von Gott erinnert. Du hast sie daran erinnert, dass das Leben einmal ein Spiel und reine Freude und Genuss war. Man musste kein Geld verdienen, hatte keine Verantwortung zu tragen und konnte einfach in den Tag hinein leben, man musste nichts dafür tun, um zu SEIN.

Es ist sogar möglich, dass du den Eindruck hattest, es sei negativ oder schlecht, sich gut zu fühlen, glücklich zu sein, in der Liebe zu sein und überhaupt einfach nur zu SEIN und nichts dafür zu TUN!

Dieses schlechte Gewissen ist es, das geholfen hat, die Trennung von Gott in dir zuzulassen. Es ist einfach ein Konflikt zwischen dem Kind und den Erwachsenen entstanden. Das Kind hat dann den Erwachsenen geglaubt, denn sie waren ja schließlich die Vor-Bilder.

Die Ursache, warum ihr jetzt nicht im SEIN sein könnt und immer meint, ihr müsstet etwas tun, um überhaupt zu SEIN, liegt genau hier.

Um richtig zu schöpfen, müsst ihr nämlich nichts tun, ihr braucht einfach nur zu SEIN.

Als Kinder war das automatisch so. Je größer ihr wurdet, umso mehr Verantwortung habt ihr übernommen, umso mehr habt ihr das Denken der Erwachsenen übernommen, und umso mehr seid ihr aus dem SEIN in das TUN gerutscht.

Die Erwachsenen haben längst vergessen, dass man zuerst IST und dann etwas TUT. Sie denken alle (die Erwachsenen im alten Kollektiv), sie müssten ständig etwas tun, um zu sein. Das kostet unendlich viel Energie und macht sehr müde – es ist schlicht und einfach ein Kampf.

Das Gegenteil ist der Fall. Da ihr ja mit euren Gefühlen manifestiert (das Gefühl ist der momentane SEIN-Zustand „Ich bin"), ist es wichtig, dass ihr in Freude seid, um die Dinge zu manifestieren, die ihr wirklich wollt (Fülle, Liebe).

Im Zustand höchster Freude könnt ihr am besten manifestieren. Da das Manifestieren natürlich auch mit Gefühlen der Angst funktioniert, könnt ihr euch jetzt vorstellen, was passiert, wenn ihr in Angst, permanenten Zweifeln aus dem Massenbewusstsein oder in Wut seid:

Ihr manifestiert genau das, was ihr **nicht wollt**!

Der wichtigste Schritt, um zu manifestieren, was ihr wirklich wollt, ist also, eurem Inneren Kind wieder zu erlauben, aus der unerschöpflichen Quelle des Lichts und der Liebe euren göttlichen Kern in euch zu schöpfen.

Das heißt, ihr erlaubt euch, dass das Innere Kind wieder stets in der Einheit mit Vater/Mutter Gott sein darf. Es darf SEIN und wird GELIEBT, ohne etwas dafür tun zu müssen. Wenn ihr euch das erlaubt, seid ihr mit eurer inneren Quelle stets verbunden.

Die Verbundenheit mit eurer inneren Quelle bewirkt, dass alles geschieht, was ihr euch wünscht. Ihr seid dann mit eurer inneren Liebe und Fülle und mit dem kosmischen Bewusstsein verbunden.

Alle Informationen und Energien bekommt ihr so aus euch heraus. Ihr seid also stets mit Gott verbunden.

Das ist die beste Voraussetzung, um euch euer Paradies (heil sein, gesund sein, reich sein, geliebt sein) zu manifestieren, anstatt einen Mangel (Armut in irgendeiner Form) oder Krankheit.

Hier kommt auch wieder der nette Volksspruch in Erinnerung: Hilf dir selbst, so hilft dir Gott!

Angebunden an deine Göttlichkeit bekommst du göttliche Inspiration, göttliche Ideen, göttliche Kreativität und die Energie (Liebe) dazu, dir selbst zu helfen beziehungsweise deinem SELBST zu helfen, sich auszudrücken.

Der Ausdruck deines Selbst wiederum kann bewirken, dass du genau die Ideen und den Plan erhältst, die/den du jetzt im Moment gerade brauchst, um eine Aufgabe oder eine Situation zu meistern.

Da Kinder aus Liebe heraus gerne in ein Opfer gehen, kann es sein, dass du als Kind beschlossen hast: Wenn Mama oder Papa oder Oma und Opa nicht göttlich oder bei Gott sein dürfen, dann darf ich das auch nicht!

Fühle, ob sich das bei dir so verhält.

Wenn es so sein sollte, dann gehe mit deinem Inneren Kind in deiner Vorstellung zu deinen Eltern und erlaube deinen Eltern und den anderen Erwachsenen, dass sie auch wieder mit Gott und ihrer Quelle verbunden sein dürfen. Auf diese Weise fällt es dir leichter, den anderen ihren freien Willen zu lassen, und so kannst du dich wieder für Gott in dir entscheiden.

Du wirst dich wundern, was das für dich, dein Inneres Kind und nachhaltig auch für deine Einstellung zu deinen Eltern bewirken wird. Es fühlt sich phantastisch an, probiere es aus!

Mitleid und Mitgefühl mit euch und eurem Inneren Kind

Geliebte, hier möchten wir auf etwas sehr Wichtiges aufmerksam machen, das auch von weit vorangeschrittenen Heilern und Lehrern unter euch noch nicht richtig erkannt wurde:

Die Nächstenliebe, die die Kirche lehrt, hat Glaubenssätze in euch verankert, die unbedingt ersetzt werden müssen: der Unterschied zwischen Mitleid und Mitgefühl.

In euch allen ist der Glaubenssatz „geteiltes Leid ist halbes Leid" seit Generationen tief verankert.

Als Kind schon beginnt ihr, um von den Erwachsenen ernst genommen und in dem vermeintlichen Glauben, dann mehr geliebt zu werden, anderen Lasten abzunehmen oder auf euer Glück zu verzichten.

Um alte Glaubenssätze in eurer Familie sichtbar zu machen, geht ihr in die Trennung aus eurer Einheit heraus und beginnt, Unerlöstes zu spiegeln.

Erlaubt euch einmal, ganz tief in eure Wahrheit einzutauchen und euch zuzugestehen, glücklich zu sein, obwohl geliebte Menschen um euch herum krank sind, im Mangel oder in Schwierigkeiten.

Es fällt euch schwer, nicht wahr?

Könnt ihr euch dann erlauben, reich zu sein, wenn eure Ahnen sich abrackern mussten für ein kleines bisschen Wohlstand?

Könnt ihr es eurem Vater antun, der trotz harter Arbeit nie richtig in die Fülle gekommen ist, dass ihr dieses in Leichtigkeit schafft?

Wenn ihr ehrlich in euch hineinhört, seht ihr schnell ein, dass ihr aus Liebe auf viele Dinge, die ihr für euch erträumt, verzichtet, und das schon von klein auf.

Dieses war ein Liebesdienst, ihr habt in euren Familien gespiegelt, was noch erlöst werden möchte. Ihr leidet also aus Liebe und Solidarität unbewusst mit.

Es ist an der Zeit, dieses aus Mitgefühl zu euch selbst endlich zu beenden!

Bitte begreift, dass ihr, wenn ihr euch für Mitleiden entscheidet, euch für Trennung entscheidet. Für Trennung von der Quelle, die euch eigentlich alles zugesteht.

Euer Glauben an diese Trennung und euer Mitleiden verhindern es, dass ihr angebunden bleibt, und so kommt ihr in den Mangel und manifestiert Mangel auch im Außen.

Dem Ego ist jedes Mittel recht, euch von der Quelle fernzuhalten, so lange es nicht im Herzen und im Bewusstsein verankert ist.

Hinter diesem Mitleiden steckt ein unbewusster Glaubenssatz, den die Kirchen und Religionen noch verstärkt haben.

„Ich verzichte aus Liebe auf mein Glück, meinen Wohlstand, meine Freiheit, meine Vision und werde dafür von meinem Umfeld (Eltern, Partner, Geschwister, Kollegen, Freunde) geliebt und als „gleich“ angesehen“.

Euer Umfeld und eure Gemeinschaft um euch herum sind genauso Gott wie ihr. Von diesem Teil Gottes, von dem ihr im Außen Anerkennung und Liebe bekommt, möchtet ihr um jeden Preis geliebt werden, ihr möchtet von diesem Teil Gottes nicht getrennt werden, indem ihr „anders“ oder womöglich glücklicher seid. Auch deshalb leidet ihr mit. Dieses ist besonders bei gefühlvollen Menschen der Fall, die mit geöffnetem Herzen voller Hilfsbereitschaft und Liebe zum Nächsten ihren Dienst tun. Es sind oft Menschen in Heil-, Erziehungs- und Beratungsberufen. Sie machen sich die Probleme der anderen zueigen und laden sich unbewusst in ihrem Mitgefühl das Leid der anderen auf.

Das Mitfühlen wird so eine extreme Last für euch, die euch niederdrücken und völlig aus dem Gleichgewicht bringen kann. Dies kann zu Burnout, starker Müdigkeit und vielen Krankheiten und Überlastungen eures Systems führen.

Auch Heiler, die noch im Ego sind und nicht ausschließlich die Energie der Quelle durch sich hindurchfließen lassen, sind hier stark betroffen. Sie werden müde, schlapp, ausgelaugt und ständig überlastet sein, bis sie gelernt haben, alles in Liebe an seinem Platz zu lassen, weil sie die Einsicht bekommen, dass jeder Mensch in der Situation steckt, die er als Herausforderung angenommen hat, bewusst oder auch unbewusst auf Seelenebene.

Ein Heiler ist nicht dazu da, Leiden abzunehmen!

Gott wirkt durch euch und kann das Leiden mildern oder beenden, sofern das mit dem Willen Gottes mit anderen im Einklang steht.

Jesus hat sich stets daran gehalten bei seinen Heilungen. Hier geschah wahrhaft der Wille Gottes in beiden,– im Kranken und in ihm.

Jemanden vor Leid und Krankheit bewahren zu wollen, indem man es sich selbst auflädt und es transformieren möchte, ist nicht der rechte Weg, um etwas in die Heilung zu bringen. Das ist die Falle des Egos, das den Willen Gottes nicht akzeptieren kann.

Wir wissen, das klingt sehr hart. Und dennoch ist es richtig, wenn wir sagen, dass jeder Gott ist und an seinen Problemen und Schwierigkeiten wächst und reift. Wollt ihr dem anderen seine Erfahrungen und seinen Weg abnehmen?

Auf euren Ebenen ist Leid schier unerträglich, und doch ist es eine Grundvoraussetzung für eure Entwicklung, und ihr selbst nehmt es an als Herausforderung, die es zu meistern gilt. Deshalb ist der Weg der bedingungslosen Liebe das bedingungslose Mitgefühl.

Selbst Leid erfahren haben bedeutet zu wissen, also die Weisheit integriert zu haben, wie es ist, zu leiden. Wie könntet ihr wissen, wie es ist zu leiden, wenn ihr es nicht selbst erfahren hättet?

Euer eigenes Leid ist also auch eine Grundvoraussetzung gewesen, um wahres Mitgefühl zu ent-wickeln.

Mitfühlen und selbst mit der Quelle verbunden zu bleiben, in der Bewusstheit und in der Liebe, bedeutet, den Willen und den Weg Gottes im anderen bedingungslos zu akzeptieren und mit eurer Liebe mitfühlend für den anderen im Verständnis da zu sein.

Das bedeutet nicht, dass ihr, wenn andere leiden, zuschauen oder das Leiden in der Welt nicht ändern sollt.

Bewusst und mitfühlend sein bedeutet sehr wohl, auch Missstände zu erkennen und sie zu beseitigen. Es bedeutet, keine Lasten, weder feinstofflich in Form von Gedanken und Emotionen, noch materiell aus Liebe für den anderen, mitzutragen.

Ihr braucht keine Kreuze tragen, auch das war eine Botschaft von Jesus. Ihr Geliebten, ihr müsst keine Kreuze tragen, um von Gott mehr geliebt zu werden, ihr seid auch so Gottes geliebte Kinder.

Und jeder Mitmensch, der auch euch liebt, möchte, dass ihr glücklich seid, an eurer Quelle angebunden bleibt und das in die Welt strahlen dürft, was ihr seid: euer ICH BIN!

Tatsächlich ist es immer wieder der Glaubenssatz, ihr müsstet etwas TUN, um geliebt zu werden, der euch dazu veranlasst.

Löst euch bitte davon und erkennt, dass ihr der Welt und euren Mitmenschen mehr dient, wenn ihr mitfühlend in eurem Licht und in eurer Liebe für sie wirken dürft, ohne euch ihr Leid aufzuladen und dadurch selbst in Schwierigkeiten zu kommen.

Erkennt immer wieder für euch selbst an, dass ihr das unbewusst getan habt, um von Gott im Außen geliebt zu werden.

Klärt innerlich für euch ab, ob das, was ihr da tut oder geschehen lasst, wirklich im Einklang mit eurer Wahrheit steht. Dies könnt ihr im inneren Dialog mit eurem Inneren Kind tun und so eine Klarheit über unbewusste Glaubenssätze erreichen.

Als Kinder habt ihr diese alten Glaubenssätze unbewusst mit übernommen, nun ist es an der Zeit, sie bewusst loszulassen für Gottes Wahrheit! Dann erlaubt ihr euch zu erkennen, dass ihr unendlich geliebt werdet.

Verbindet euch bewusst im Innen mit eurem Selbst und bittet darum, dass ihr Bewusstsein und Liebe fühlen dürft.

Erlaubt zu erkennen, dass eure Anwesenheit, eure Präsenz aus mitfühlender Liebe und Bewusstheit, also Gott in euch, ausreichend ist, um anderen Menschen ein Licht zu sein.

Ja, richtig: Ihr seid da und strahlt!

Denn in Wahrheit richtet sich alles nach der höheren, ordnenden Energie aus, die ihr dann beginnt auszustrahlen. Das Bewusstsein, in euch entwickelt, die Liebe, durch euch freigesetzt, wird auf das Umfeld wirken, wie es gerade angemessen ist, und dafür müsst ihr nichts tun, außer euch diesem Fluss in euch hinzugeben und ein Beispiel dafür zu sein.

Jeder, der euch wahrhaft liebt, wird sich genau das wünschen – eure Eltern am meisten!

So bleibt ihr in der Kraft und in der Liebe und geratet nicht aus dem Gleichgewicht. Auf diese Weise seid ihr „Lichtträger“ und strahlt Glaube, Hoffnung, Zuversicht und Vertrauen in die Welt.

Bleibt also im Innen in eurem Paradies mit der Quelle verbunden. Dies bringt der Welt jeden Tag ein Stück mehr Heil und Einheit.

Tut dann im Außen alles Notwendige, was eure innere Stimme und euer Herz euch sagen, im Mitgefühl zu euch selbst und in einer Weise, die mit euch und eurem Selbst in Harmonie ist.

Und nun möchten wir euch aufzeigen, wie in Wahrheit Heilung geschehen kann, und wie auch Jesus geheilt hat:

Jesus war als vollkommener Christusmensch auf Erden, in der Einheit mit Gott.

Er war im Gleichgewicht seiner Polaritäten in sich vollkommen ausgerichtet auf den Heiligen Geist in sich und erkannte, dass die Menschen durch den Verstand, das Ego und die Unbewusstheit eine Trennung vom Göttlichen in sich aufrechterhielten.

So lehrte er die Einheit im Innen und im Außen, sein Anliegen war es, mit der Liebe, die er ausstrahlte und weitergab, und mit dem Bewusstsein, das mit seinen Worten und Taten die Menschen erreichte, ihnen zu zeigen, welch göttliche Wesen sie alle sein können.

Während seiner Heilungen betrachtete er stets das, was im Ungleichgewicht war, als bereits existierende Einheit und Vollkommenheit. Er übertrug mit seinem Bewusstsein den Zustand der Vollkommenheit, den Zustand der Wahrheit, das, was wir wirklich sind. Sein Bewusstsein und seine Liebe, diese Einheit, die durch ihn zu wirken begann, war so stark, dass Wunderheilungen sofort oder sehr kurzfristig eintreten konnten.

Er war dabei frei von jeglichem Ego, Zweifeln oder Produkten des Verstandes. Er ließ dieses göttliche Bewusstsein und die göttliche Liebe frei durch sich hindurchfließen und erinnerte damit die Körper, den physischen und alle energetischen, an den Zustand des Heil-SEINS und der Vollkommenheit.

Eines Tages, wenn ihr selbst bereit seid, Gott vollkommen durch euch wirken zu lassen, frei von jeglichem Ego und von dem, was euer Verstand euch vorgaukelt, an dem Tag, an dem ihr euch in der göttlichen Gnade und Hingabe befindet, wird dieses auch in und durch euch geschehen können.

Das gilt es, in Wahrheit zu ent-wickeln, sofern das euer Wunsch ist.

Wenn ihr also im Mitgefühl seid und euch dann genauso schlecht fühlt wie der geliebte Mensch neben euch, bittet Jesus in euch um Rat.

Er wird euch helfen, den Menschen neben euch als vollkommen heiles und göttliches Wesen zu sehen. Ihr werdet daraufhin die Verantwortung, die ihr vielleicht mitgetragen habt, wieder in die göttlichen Hände zurückgeben, indem ihr erkennt, dass der andere ebenfalls dieses göttliche Wesen, die SELBST-Hilfe, die Hilfe durch das SELBST, in sich trägt.

Wenn ihr nun helfen möchtet, dann visionalisiert dieses göttliche Wesen, das Hohe Selbst im anderen. Lasst euch im Inneren vielleicht sogar Bilder dazu geben. Gebt nun den anderen in die bewusste und liebende Verantwortung seines Selbst zurück, und vielleicht fühlt ihr dann sofort die strahlende Anwesenheit Gottes in ihm, oder ihr seht das Strahlen vor eurem inneren Auge.

Vertraut der andere diesem strahlenden, göttlichen SELBST in sich noch nicht, dann tut ihr das! Vertraut diesem SELBST in euch und im anderen und traut dem anderen zu, dass er Stück für Stück das Heil, das Ganze, die Einheit in sich erkennt, so, wie Jesus das auch getan hat.

Mit eurer eigenen Bewusstheit und Liebe könnt ihr also sehr viel auch für andere bewirken.

Lasst „ES“, das göttliche Wesen in euch, für euch und die Welt wirken, lasst es geschehen, geht in die Hingabe!

☆☆☆

Dein innerer Mann, Vater, Geliebter, Hohepriester, Gott und Osiris

Dein göttlicher Wille, deine göttliche Führung, deine göttliche Stärke in dir und dein innerer Jesus

Jesus war alles in einer Person: Mann, Geliebter, Vater, Hohepriester, Osiris, Gott. Deshalb verwende ich jetzt der Einfachheit für deinen inneren männlichen Aspekt seinen Namen, sowie ich später mich selbst als euren weiblich göttlichen Aspekt in euch als eure Magdalena beschreiben werde.

Es war Teil eurer Erfahrung, die ihr zur Integration für bewusstes Schöpfen auf euch genommen hattet, euch von Gott zu trennen.

Macht euch einmal bewusst, was es bedeutet, von Gott, dem Vater, dem Geliebten, dem Hohepriester, dem Osiris in euch, getrennt zu sein.

Ihr habt euren eigenen Willen, den Willen Gottes in euch verloren.

Ihr habt euren Seelenplan und euer göttliches Bewusstsein verloren.

Ihr habt dadurch vollkommen vergessen, was und wer ihr in Wahrheit seid.

Ihr seid auf dem Ozean, der sich Leben nennt, und habt eure Macht an einen Gott außerhalb von euch abgegeben.

Dieser Gott steht am Steuer und ändert seine Richtung, wie der Verstand und das Ego sich beeinflussen lassen: permanent hin und her, wie ein Blatt im Wind.

Ihr seid sozusagen dem Aktienzustand des Massenbewusstseins hilflos ausgeliefert!

Aus diesem Grund treffen euch auch Nachrichten aus diesem Bewusstsein so stark und schaffen es immer wieder, dass ihr glaubt, genauso ausgeliefert zu sein.

Ihr habt einen Gott gewählt in Form des reinen Verstandes, des Egos und vieler Dinge in der Materie, die euch glauben lassen, dass sie der Sinn des Lebens sind.

Ihr alle habt vergessen, dort nachzuschauen, wo niemand nachschaut: in euch selbst!

☆☆☆

Meditation und innere Heilung – Der Vater-Gott

Bitte geht nun mit eurem Inneren Kind zu eurem leiblichen Vater in diesem Leben.

Er war der zweite Gott in eurem Leben (der erste Gott war eure Mutter) und der erste männliche Gott, den ihr bewusst wahrgenommen habt.

Mit ihm habt ihr von Anfang an Autorität verbunden.
Was er gesagt hat, war Gesetz.
Ihr wusstet, er hat den Plan, er weiß, wo es lang geht.
Er ist stark, er beschützt euch, er erklärt euch alles, was ihr wissen möchtet.
Er weiß alles, er hört alles, er sieht alles...

Er ist eure Führung.
Sein Wille geschieht.
Er ist weise, liebevoll und gerecht.
Er kennt die Wahrheit.
Er weiß, dass er die Wahrheit, der Weg und das Leben ist.

Das ist es, was ihr unbewusst von eurem Vater erwartet habt. Ihr habt vorausgesetzt, dass es so ist.

Wie konnte er das sein, wenn er selbst nicht daran glaubte?

Wie konnte er das auf euch übertragen, wenn er selbst verloren war? Wenn er an seinem Selbst, Gott in ihm, zweifelte?

Geht nun zu ihm hin.

Sagt ihm, dass ihr nun wisst, dass er das Beste getan hat, was für ihn zu diesem Zeitpunkt möglich war.

Dass er euch so viel Liebe und Bewusstheit gegeben hat, wie er nur konnte.

Dass er so gut für euch gesorgt und euch geführt hat, wie er konnte.

Erlaubt ihm, sich selbst zu vergeben, dass er geglaubt hat, er hätte es nicht geschafft, er hätte versagt.

Sagt ihm:
„Vater, du hast nicht versagt. Ich danke dir für alles, was du für mich getan hast.

Ich danke, dass du mich auf den Weg geschickt hast, in die Dunkelheit, weil du wusstest, dass ich es schaffe.

Ich danke dir, dass du JA zu mir und meiner Mutter gesagt hast und uns angenommen hast als deine Schöpfung, als dein Geschenk an dich selbst.

Ich vergebe dir in deinem Namen alles, was du dir vorgenommen hast zu schaffen und zu bearbeiten und was du nicht geschafft hast, weil die Zeit noch nicht reif dafür war.

Bitte vergib du mir, dass ich dich verurteilt habe, weil du nicht immer der Gott warst, den ich mir gewünscht habe.

Verzeihe mir, wie ich dir verzeihe.

Ich nehme dich jetzt als meinen leiblichen Vater in dieser Welt in Liebe in mein Herz.

Ich nehme jetzt alle ausgesprochenen und unausgesprochenen Verurteilungen in Liebe zurück.

Ich nehme jetzt dein Erbe an mich an. Ich nehme alle deine Erfahrungen in mein Bewusstsein und vergebe mir selbst, dass ich bis jetzt nicht bereit war, dein Geschenk an mich anzunehmen:

Licht,
Bewusstheit,
Plan und Wille,
Führung,
Wahrheit,
Schutz.“

Werdet euch bewusst, dass dieses die Wahrheit ist. Auch wenn sich euer Vater tatsächlich von eurer Geburt an nicht als Vater-Gott gezeigt hat, wisst ihr jetzt, dass dies seine höchste Vision gewesen wäre. Allein das, was das Umfeld aus ihm gemacht hat, hat sein Glaubenssystem und sein Handeln von dieser höchsten Vision in ihm getrennt.

Helft ihm, dass er sich selbst vergeben kann, indem IHR ihm vergebt. Jetzt!

Dann schließt ihr euch beide wieder ganz bewusst an den Himmel und an Vater-Gott an.

Öffnet euer Kronenchakra und erlaubt, dass jetzt das elektrische, strahlende, kribbelnde Licht des Vaters aus dem Universum direkt in euch einzufließen beginnt.

Mit diesem Licht kommen eure gesamten Schöpfungspläne hinab, euer Wille, eure Stärke, das Geplante umzusetzen, euer Bewusstsein.

Strahlendes, pulsierendes Licht aus allen Farbfrequenzen dringt ein, heilige geometrische Schöpfungsformeln und Schwingungen gelangen in euren Körper, fließen vom Herzchakra aus in das gesamte System, verströmen sich, informieren alles neu mit dem göttlichen Plan, mit eurer höchsten Vision.

Fühlt, wie wunderbar es sich anfühlt, und haltet euch noch einmal in Gedanken mit eurem Inneren Kind und eu-

rem Vater an den Händen, lasst es durch euch hindurchströmen, das göttliche Licht und die göttliche höchste Vision eures SELBST.

☆☆☆

SELBST-Ermächtigung mit dem Vater

Angeschlossen an das höchste Licht von Vater-Gott in dir stell dir nun deine Ahnen vor.

Ihnen allen unterbreitest du jetzt die Möglichkeit, sich bewusst noch einmal für die Vater-Energie Gottes zu entscheiden und sie anzunehmen.

Wenn du fühlst, dass deine Ahnen in dir noch zaudern, dann segne ihre Angst und gehe für sie diesen Schritt:

In eurem Namen, meine männlichen und weiblichen Ahnen, bin ich nun bereit, das Erbe Gottes in mir anzunehmen und gebe die Macht an mein SELBST in mir zurück, auf dass Gottes Wille in mir mich führe, stärke, schütze, leite, wo immer ich auch bin, und was immer ich auch tue!

Das ist der erste wichtige Schritt, um Gott in dir zu ermächtigen, Gottes Reich in dir wiederauferstehen zu lassen.

Die Heilung des inneren Mannes in dir

Bitte nun mich, Maria Magdalena, Jesus Christus und deine innere Frau zu dir.

Wir gehen nun gemeinsam zu ihm, zu deinem inneren Mann, zum Christus in dir.

Du erlaubst dir ganz bewusst, nun deinen dir innewohnenden, männlichen Seelenanteil wahrzunehmen.

- *Wie sieht er aus, dein Christus in dir?*
- *Was hat er an?*
- *Wie stellt er sich dar?*
- *Hat er seine Autorität und Macht oder wirkt er klein und willenlos?*
- *Ist er stark oder schwach?*
- *Ist er strahlend oder liegt er am Boden?*
- *Hängt er womöglich noch an eurem Kreuz, da, wo ihr ihn selbst hingenagelt habt?*
- *Ist er gefesselt, geknebelt, mundtot gemacht?*
- *Lebt er überhaupt noch, oder ist er schon tot?*
- *Hat er sich aufgegeben?*
- *Hält er sich für unwürdig, Gott zu sein?*
- *Lehnt er die Verantwortung, die Ermächtigung für euer Selbst, für euch als Persönlichkeit ab?*
- *Ist er bereit, euch zu führen, zu schützen, zu lieben?*
- *Wie viel Last trägt er für euch und andere?*

- *Hat er all den Schmerz der Welt auf sich geladen und läuft damit herum?*
- *Bestraft er sich selbst, indem er auf die Liebe verzichtet?*
- *Hat er auf die Frau, die Liebe und die Göttin, seine „bessere Hälfte" in dir, verzichtet?*
- *Hat er sie als Sünde verurteilt?*
- *Hat er ein Keuschheitsgelübde abgelegt und hält sich so von der Göttin und dem Körperlichen fern?*
- *Hat er SIE dafür verantwortlich gemacht, dass die Welt am Rande des Abgrundes steht?*
- *Oder weiß er, dass er selbst dafür verantwortlich ist und hängt deshalb am Kreuz?*
- *Hält er sich für unwürdig, IHRE Liebe zu erhalten?*

Du spürst seinen Schmerz, seine Unfähigkeit, etwas dagegen zu tun.

Er hat keine Macht, keine Befugnis, keine Ermächtigung.

Wie einen riesengroßen Block fühlst du die Last, die ihn niederdrückt, fühlst du das Kreuz und seine Fesseln.

Du siehst seinen Blick, und er lässt dich neben sich niederknien.

Tränen des Schmerzes und des Mitgefühls rollen über deine Wangen.

Du siehst ihn, und du siehst dich.
Du erkennst, dass ihr beide unfähig seid.
Einer muss nun die Entscheidung treffen.

Du bist der oder die Einzige, der/die das kann, das verstehst du jetzt.
Niemand wird es tun, du musst es selbst tun.

Noch einmal überfällt dich der Schmerz, und du siehst in seine Augen.
Seine Augen spiegeln den Schmerz deiner Seele, den Schmerz, nicht erkannt zu sein, den Schmerz, nicht angenommen zu sein.

Er ist der Sohn Gottes in deinem Selbst.
Und du erkennst, das bist du selbst.
Du bist es, der/die sich nicht annehmen kann, du bist es, der/die sich das angetan hat.

Du weinst die Tränen, die noch heraus möchten. Weinst und lässt es gehen.

Dann bist du bereit.
Du bist bereit, dem Schmerz, dem Leid, der Irrfahrt endgültig ein Ende zu machen.

Du bindest ihn los, löst die Fesseln, erstickt von Tränen des Mitgefühls.

Und wieder kommen die Traurigkeit und der Schmerz in dein Bewusstsein.

Warum?

Wie konnte ich mir und ihm das nur antun?

Was konnte nur dafür sorgen, dass so etwas geschieht?

Wer ist Schuld daran?

Deine Fragen stehen stumm in deinen Augen.

Und er antwortet:

Bitte vergib mir.

Ich wusste nicht, was ich tat.

Ich wollte nur wissen, wie es ist.

Ich wollte nur wissen, wie es sein würde.

Ich hatte keine Ahnung, wie viel Leid es bewirken würde.

Bitte vertrau mir wieder.

Bitte, gib dich wieder in meine Arme, in meinen Schutz, in meine Führung, ich bin DEIN ICH BIN!

Lass uns von vorne beginnen, lass uns den Schmerz als Erfahrung annehmen!

☆☆☆

Auferstehung

(I will rise)

Ich bin es.

(I will rise)
Deine Angst,
dein Schmerz,
dein getrenntes ICH BIN in dir.

(I will rise)

Bitte liebe mich,
bitte gib dich mir wieder hin.

Ich bin dein ICH BIN!
(I will rise)

Hol mich herunter von meinem Kreuz,
erlöse mich von meinem Schmerz,
erlöse mich von meiner Last,
reinige in Liebe meine Wunden,
die du mir selbst geschlagen hast.

Vergib mir,
dass es so lange gedauert hat,
bis ich es verstanden habe.
(I will rise)

Erlöse mich, erlöse dich – Jetzt!
Lass mich wieder deine Führung sein,
lass mich wieder dein Vater, dein Geliebter und dein innerer Wille sein,
lass mich wieder dein Christus sein.
(I will rise)

Lass mich deine Auferstehung sein,
lass mich dein Anfang und dein Ende sein,
lass mich dein Leben sein,
nimm mich wieder in Liebe an,
als deinen Gott in dir.
(I will rise)

Erlöse mich, erlöse dich!
Es ist Zeit für das Paradies auf Erden in dir.
Es ist Zeit für Vergebung in dir.
Es ist Zeit für die unermessliche Liebe Gottes in dir.

Liebe mich!
Erlöse mich!

Rise!

Sag JA zu mir: Jetzt!

☆☆

Du weißt, er hat recht. Ohne ihn bist du nichts. Ein Blatt im Wind, ein Boot ohne Kapitän. Führerlos, schutzlos, willenlos...

Du nimmst ihn in deine Arme.

Mit jeder Träne deines Mitgefühls wird er reingewaschen.

Du, deine innere Magdalena, beide kniet ihr nieder und wascht mit euren Tränen seine Wunden und alle Verschmutzungen, alle Verunglimpfungen, alle Verstoßungen wieder rein.

Eure Liebe fließt bedingungslos, und ihr sagt bedingungslos JA zu ihm.

Ja, ich nehme dich wieder an.
Ja, bitte komm zurück zu mir.
Ja, bitte lass all den Schmerz und das Leid gehen, lass es zerschmelzen durch meine Liebe, die nun durch dich zu fließen beginnt.

Und du lässt es geschehen. Schaust zu, wie deine innere Magdalena ihren Jesus aufhebt und seine Wunden mit ihren Kräutern und ihrem Öl reinigt. Ihre Liebe flutet seinen Körper, und von Minute zu Minute wird er heiler und schöner.

Er streckt sich, bald ist er stark genug, wieder aufzustehen.

Ihr steht euch gegenüber. Er breitet seine Arme aus. Goldenes Licht umflutet seinen Kopf. Er ist zurück. Er ist wieder angeschlossen an die Energie des Vaters. Er hat seine Ermächtigung, wieder deine innere Führung zu sein, zurückbekommen.

Seine Augen beginnen zu strahlen.

Sein Körper wird wieder stark und elastisch.

Du kannst seine Muskeln, seine Stärke und innere Aufgerichtetheit fühlen.

Ein wunderbares Gefühl, aufgehoben zu sein, durchströmt dich.

Du drehst dich um und lässt dich in seine Arme fallen.

Du gibst dich ihm hin, und er wird dich führen, leiten, dir seine Instruktionen in Form von Hellwissen und Hellsehen übermitteln. Er hat den Plan, er ist dein Zugang zum grenzenlosen Licht und zum grenzenlosen Bewusstsein Gottes in dir.

Du bist froh, dass du ihn wieder hast, und lässt dich fallen. Ihr beginnt zu verschmelzen und werdet wieder EINS.

Jesus und seine Kreuzigung

Sicher ahnt ihr bereits, was Jesus damals auf sich genommen hat.

Er zeigte den Menschen, wie es mit ihrem inneren Gott, mit ihrem inneren Mann, bestellt war.

Er, der das Licht und die Liebe selbst war, zeigte allen einen Spiegel:

So sieht Gott in euch aus.
Das ist der Gott, vor dem ihr Angst habt.

Er zeigte den Menschen die Wahrheit zum Stand Gottes in ihnen selbst.

Und dafür verspotteten und verhöhnten sie ihn.
Er, „König der Juden".

Retten und führen hätte er sie sollen und ihr Held sein. Stattdessen übergab er ihnen und lehrte sie die SELBST-Verantwortung.

Mit Schmutz haben sie ihn beworfen, beschimpft haben sie ihn, verletzt haben sie ihn, verurteilt haben sie ihn.

Und sie haben es nicht bewusst gemerkt, dass sie das in Wahrheit mit ihrem eigenen inneren Christus taten.

Sie haben ihn nicht erkannt, genauso wenig, wie alle Menschen, die sich gegenseitig verletzen, nicht erkennen, dass sie sich das in Wahrheit selbst antun.

Wir alle sind GOTT!

Ich weiß, es tut weh.
Ich war selbst dabei.

Fassungslos habe ich mir das angesehen. Zu diesem Zeitpunkt war ich ganz in meinem Körper, und obwohl ich immer wieder von ihm gesagt bekam, dass es der Wille des Vaters ist, konnte ich es nicht begreifen, so unglaublich war das Ganze.

Sie zogen es „gnadenlos" durch, der Vater und das Bewusstsein in ihm. Das war sein göttlicher Plan, Menschenspiegel zu sein.

Und der Mensch zu dieser Zeit war wahrlich ohne Gnade.

Und es war auch mein Weg, Spiegel zu sein, denn ich war und bin seine weibliche Entsprechung.

Doch zu diesem Zeitpunkt sah ich ihn als Mann. Mein Mann hing da und hat das alles ertragen, aus Liebe zu den Menschen, aus Liebe zu seinem SELBST, zu GOTT, den er in jedem von uns sah.

Er, der Vollkommene, hing da und war scheinbar verloren – so wie die Menschheit selbst.

Ich wusste, dass auf einer andere Ebene parallel etwas völlig anderes ablief. Das war es, was mich nicht völlig zusammenbrechen ließ.

Tief in meinem Inneren wusste ich, dass in Wahrheit nichts an ihm je zerstört werden konnte.

☆☆☆

Die Osiris-Initiation und der scheinbare Tod am Kreuz

Die Osiris-Initiation ist eine Metapher für das geteilte und zersplitterte Liebesbewusstsein nach dem Niedergang von Atlantis und Lemurien.

Osiris und Isis, Gott und Göttin wurden getrennt.

Isis, die Liebe, suchte den bewussten Teil, Osiris, der getötet und zerstückelt wurde auf der ganzen Welt, um ihn stückweise wieder zu verbinden und zu heilen, damit eine Befruchtung stattfinden konnte, aus der Horus entstand. Horus, das Kind der Einheit von Bewusstsein und Liebe.

Jeshua steht hier gleichzeitig für das Horus-Kind, die Einheit und Osiris, die männliche Polarität.

In den Horusschulen galt die Osiris-Initiation als höchste Stufe der Erleuchtung. Die Todesweihe zu überstehen und daraus wieder aufzuerstehen, galt als höchste Stufe der Meisterschaft. Den körperlichen Tod als Illusion zu erkennen und bewusst die Dimension zu wechseln ist bis heute den höchsten Meisterseelen vorbehalten.

Diese Art von Initiation fand normalerweise in der großen Pyramide statt, in der die Schüler im Sarkophag einen todesähnlichen Schlaf erfuhren, um bewusst in andere Dimensionen des Seins zu wechseln.

Viele Schüler überlebten diese Einweihung nicht und blieben in den Lichtreichen, weil ihr Wille nicht stark genug war, wieder zurückzukehren. Sie waren dann als Menschheitslehrer verloren. Aus diesem Grund war es nur den besten und vielversprechenden Schülern vorbehalten, diese bedeutungsvolle Einweihung zu erhalten.

Jesus sollte seine Einweihung nicht in der Pyramide erhalten, sondern während seiner Kreuzigung.

Es war auch keine normale Einweihung, wie sie in der großen Pyramide stattfand.

Gott in ihm und seine Seele hatten einen besonderen Plan, der durch ihn erfüllt werden sollte.

Er ahnte das bereits im voraus und brachte es durch die Worte: „Herr, bitte lass diesen Kelch an mir vorübergehen“, zum Ausdruck.

Er wusste als Meister, der er war, dass dieses Ereignis der Grund war, warum er gekommen war:

Durch seinen Dimensionswechsel bereitete er eine Spur aus Licht und Liebe für die menschliche Sophia, das Morphogenetische Feld des Kollektivs Mensch vor, und er tat es in einer Weise, wie es bisher noch keiner vor ihm.

Er verband während dieser Zeit, in der sein Lichtkörper durch die verschiedenen Ebenen der Sophia ging, die Felder, die getrennt waren.

Dies alles war in seinem Seelenplan enthalten, und so kam es, wie es kommen musste, um den Plan zu erfüllen.

Wir sprachen darüber, und ich habe immer wieder Gott darum angefleht, dass es nicht geschehen muss. Wie und in welcher Weise es geschehen sollte, darüber waren wir uns lange Zeit im Unklaren. Erst nach der Verhaftung wurde mir klar, was es bedeutete und welche Qualen Jeshua bevorstehen würden. Jeshua lehrte mich einmal mehr das bedingungslose Annehmen des göttlichen Willens, und obwohl ich dachte, ich sei auf alles vorbereitet und meine Liebe und mein Glaube seien stark genug, ihm dabei Kraft und Energie zu schenken, war es unerträglich für mich, dabei zu sein und nichts für ihn tun zu können, außer ihm meine Liebe, Kraft und Hingabe zu schicken und bei ihm zu sein.

Jeshua wechselte dann mit den Worten „Es ist vollbracht" die Dimension, und sein Körper war offensichtlich physisch tot. In Wahrheit befand er sich mit seinem Lichtkörper auf einer Reise in verschiedene Dimensionen des Seins, um dort die Spur des Christusbewusstseins für die kommende Menschheit vorzubereiten und die Verbindungen der Liebe wieder herzustellen.

Sein Glaube und sein bewusstes Sein waren also stärker als die Materie. Es ist der Beweis für den unerschütterlichen Glauben an das allumfassende göttliche Bewusstsein und die allumfassende göttliche Liebe, die niemals vergeht, auch nicht in den tiefsten materiellen Dimensionen des SEINS auf der Erde.

Eines Tages wird die Menschheit so weit sein, dieses selbst nachvollziehen zu können.

Wenn sie durch die Schule des Körpers und des Geistes gegangen ist, wenn das Bewusstsein und die Liebe in jedem Einzelnen und im Kollektiv weit genug angestiegen ist. Wenn der Tod endgültig als Illusion durchschaut ist.

Für mich wie für die anderen, die ihn sahen, war es der sichtbare Beweis für alles, was er uns in den vielen Stunden gemeinsamer Gespräche und unserer nie endenden Fragen schon immer gesagt hatte:

Der Wille und die Liebe Gottes in uns, das Reich Gottes in uns, ist das Paradies, das sich in allen Dimensionen des SEINS bewegt und sich manifestiert, Form annimmt, wieder formlos wird.

Liebe und Bewusstsein sind endlos und gehen niemals verloren.

Und heute ist es so, dass er das in jedem von und für euch tut.

Gebt ihm euch hin,
lasst seine Gnade durch euch fließen,
lasst in seinem Namen Wunder geschehen,
lasst euch führen von ihm,
lasst euch begleiten und schützen von ihm,
gebt euch ihm hin, auf dass Gottes Wille durch euch geschehen kann.
Nehmt ihn zurück in euer Herz,
holt ihn herunter von seinem Kreuz,
küsst und heilt seine Wunden,
bittet ihn um Vergebung, dass ihr so blind wart und ihn nicht erkannt habt,
bittet ihn in euer Leben zurück,

als bewusste und liebende Männlichkeit in euch, in eurem SELBST.
Lasst geschehen, dass er wieder der Jesus wird, der er immer schon war,
er-kennt ihn in eurem Inneren, den Christus in euch.

So erhaltet ihr euren Plan zurück, euren göttlichen Willen, die göttliche Führung, grenzenloses Bewusstsein. Euer Licht und euer Strahlen werden so die Welt bereichern.

☆☆☆

Die Botschaft der Kreuzigung

Die Botschaft der Kreuzigung wurde im Christentum der vergangenen zweitausend Jahre nicht richtig gelehrt.

Die Kirche hat die Tatsache der Kreuzigung als Zeichen dafür benutzt, dass es richtig ist, sich für andere zu opfern, ja, zu sterben.

Die Kirche hat nicht gelogen, doch durch das Weglassen der Wahrheit wurde eine Lüge in die Welt gesetzt.

Jesus hat das Kreuz für uns getragen, also müssen auch wir das Kreuz für die, die wir lieben, tragen.

Das hat sich als feste Überzeugung in uns allen durchgesetzt.

Aus diesem Grund verzichten wir auf das, was uns glücklich macht, und wagen es noch nicht einmal herauszufinden, was das wäre.

Deshalb verknüpfen wir auch alle, den Weg Gottes und somit den Weg der Seele zu gehen, mit Angst.

Zu oft sind wir dafür bestraft, geächtet, missbraucht, getötet, verurteilt, ausgestoßen, gekreuzigt worden, wie unser geliebter Christus und unser Vorbild.

Den Weg der Seele zu gehen, also den Weg Gottes zu gehen, bedeutet jedoch genau diese Freiheit.

Niemand wird dir befehlen, wenn er dich wirklich liebt.

Lieben bedeutet loslassen.

Die Gottesenergie, unsere Seelenenergie, ist absolut frei.

Sie ist reines Bewusstsein und reine Liebe.
Sie bindet sich an nichts,
sie erwartet nichts,
sie verlangt nichts.

Sie IST einfach und entwickelt und bewegt sich ständig weiter.

Nichts bleibt so, wie es ist.

Gott ist permanente Bewegung, Wandel, Transformation – und trotzdem strahlende Ewigkeit, unverändert, immer gleich, immer EINS. Und deshalb macht es uns Angst, uns für Gott und für den Weg unseres Herzens zu entscheiden.

Wir denken, wir tun anderen weh und verletzen sie, wenn wir das tun, was unser Herz uns als Nächstes sagt.

Wir haben Angst, wir werden wieder bestraft und ausgestoßen, wenn wir den Weg unseres Herzens gehen.

Doch ist das Liebe?

Liebt uns denn jemand wirklich, wenn wir nicht den Erwartungen entsprechen?

Halten sie uns nicht in Wahrheit in ihrer Angst gefangen, wenn sie uns nicht unseren Weg gehen lassen?

Genau das ist es, was Jesus immer wieder gelehrt hat. Nichts und niemand liebt uns mehr als Gott, unsere Seele. Diese bedingungslose Liebe im Außen zu suchen, ist von vorneherein zum Scheitern verurteilt.

Und verzichten wir nicht auf unser Glück und auf unsere nächste Herzenswahrheit, weil wir glauben, wir sind nicht geliebt, oder wir werden nicht weiter von unserem Umfeld geliebt?

Das ist die Falle, in die wir ständig hineintappen, so lange, bis wir es uns BEWUSST gemacht haben, was hier vor sich geht.

Und deshalb ist es so wichtig, dass ihr euch dessen bewusst werdet, um euch für die SELBST-Liebe, die Liebe Gottes in euch, zu entscheiden.

Dann seid ihr nicht weiter manipulierbar, ihr werdet keine Angst mehr haben, denn Angst und deren Muster sind es, die euch immer wieder vorgaukeln, die anderen hätten womöglich recht und nicht ihr und euer SELBST, Gott in eurem Inneren.

Es ist eine Entwicklung hin zu euch selbst und zur Liebe eures SELBST.

Ihr entscheidet, wann ihr genug habt.

Wann habt ihr genug Leid erfahren?
Wann habt ihr genug Armut, Schmerz und Mangel erfahren?
Wann habt ihr genug auf das Glück und die Liebe, euer Paradies in euch, verzichtet?

Wann seid ihr bereit, das alles hinter euch zu lassen und ein Leben in Wahrheit und Liebe mit eurem SELBST zu führen?

Das ist die eigentliche Botschaft von CHRISTUS in euch.

Lasst das Leid und den Schmerz los, ladet euch kein Leid und keinen Schmerz von anderen auf, die noch Erfahrungen machen möchten oder müssen!

Geht EUREN Weg, lasst euch nicht irritieren!

Das Reich Gottes liegt in eurem SELBST!

Ihr seid eine unzerstörbare Einheit aus Körper, Geist und Seele, und in Wahrheit seid ihr unsterblich und unvergänglich!

Gottes Liebe und Führung sind und waren immer da, es ist nicht möglich, davon getrennt zu sein, es gibt keine Trennung!

Jeder ist Gott, und jeder hat die Macht über sein Leben, egal, ob ihm das bewusst ist oder nicht.

Bewusstheit hierüber zu erlangen war die Schulzeit, die die Seelen hier auf der Erde bis jetzt integriert haben.

Und es werden täglich mehr, die erleuchtet und erwacht sind.

Die Zeit ist reif, wach auch du auf! Jetzt!

Ich danke euch für diese Entwicklung, die ihr bereit zu gehen seid.

Und den Magdalenas und Jeshuas der Welt sage ich:

Wenn ihr die Vereinigung in eurem Inneren mit eurem Christuspaar, dem männlichen und weiblichen Teil eures Selbst, bewusst getan habt, wenn ihr eurem eigenen inneren männlichen Aspekt wieder vergeben habt, alles, was ihr euch selbst angetan habt, weil ihr Erfahrungen machen wolltet, wenn ihr die Liebe eurer Göttin und inneren Frau wieder annehmen könnt, dann werden ER und SIE in diesem Leben noch zu euch zurückkommen, in Form der Einheit mit dem Göttlichen in euch selbst, eurer Erleuchtung.

Der Herzkönig und die Herzkönigin im Außen, in eurem Leben, euer geliebtes DU, euer seelischer Gegenpol, wird dann magnetisch von euch angezogen, und ihr werdet ihn/sie dann ebenso erkennen, wie ihr IHN und SIE in eurem Inneren erkannt habt!

Ihr könnt euch in dieser Partnerschaft wieder vertrauen, euch führen lassen, euch hingeben, euch annehmen, euch freuen, so, wie ihr wieder eurer eigenen inneren Führung vertraut, euch hingebt, euch lieben lasst.

Denn in Wahrheit ist er überall: in jedem Mann, in jeder Frau:

Der Christus in euch!
Die Einheit in euch!

☆☆☆

Ich bin Jesus, der Christus in dir

*Ich bin zurückgekommen,
in dir die Schuld zu erlösen.
Ich helfe dir, dir selbst zu vergeben,
deinen Schmerz zu vergeben,
deine Wut auf dein Selbst,
auf Gott in dir zu vergeben.*

*Du bist grenzenloses Bewusstsein und Wille.
Dein Wille geschehe jetzt, wie im Himmel,
so auf Erden.
Lass mich dich erlösen,
lass mich dich tragen,
gib dich mir hin, als deinen göttlichen Willen,
als dein göttliches Schwert der Wahrheit und Liebe
in dir,
als deine göttliche Stärke.*

Baue auf mir dein Paradies auf.

*Setze auf mich und gib dich mir hin.
Lass dich fallen in meine Arme der Barmherzigkeit
und des Lichts,
der Liebe des himmlischen Vaters in dir.*

*Auf dass die Göttin und die Liebe deines
göttlichen Selbst wieder in dein Leben zurückkommen,
auf dass sich deine Liebe unablässig manifestiere,*

auf dass sich deine höchste Vision von Licht und Liebe auf Erden materialisieren möge.
So sei es!
Amen.

Der Sohn der Einheit und des Lichts in dir.

☆☆☆

Die innere Frau, Mutter, Geliebte, Hohepriesterin, Göttin und Isis

Deine göttliche Liebe, Hingabe, Vertrauen, Mitgefühl und bedingungslose Liebe in dir und deiner inneren Magdalena

Neumond

Gib dich der Göttin in dir hin,
schwarze Seide,
samtweich, unendliche Liebe, hingebungsvoll
erwartet sie dich,
umfängt dich wie die dunkle Nacht,
umhüllt dich geheimnisvoll.
Lass es geschehen,
lass dich neu machen,
lass dich vollenden,
wie der Mond am Himmelszelt es uns zeigt.
Jeden Monat neu,
jeden Moment neu,
immerwährendes Vollkommenwerden,

aufnehmen,
zunehmen,
vollendet sein,
abnehmen, abgrenzen, um dich wieder neu
zu vollenden und neu zu entdecken.

Die Ursache, warum ihr alle nicht so recht in eure Selbstliebe kommen könnt, liegt natürlich in der Vergangenheit.

Sicher seid ihr euch längst darüber im Klaren, dass ihr vollkommen heil und gesund wäret, wenn ihr Gottes Licht und Liebe in euch vollständig annehmen könntet.

Ihr seid körperlich heil, ihr seid seelisch heil, und ihr seid in keinem Mangelzustand mehr, denn ihr erhaltet aufgrund der Resonanz eurer Selbstliebe alles, was ihr braucht, um glücklich zu sein.

Es könnte eigentlich ganz einfach sein!

Entscheidet euch wieder, die höchste Liebe, die ihr seid, zu sein.

Mit dieser Entscheidung (jede Entscheidung ist ein Startschuss für eine Manifestation) habt ihr den nächsten wichtigen Grundstein für euer Paradies gelegt.

Dann macht euch mit Hilfe des Vaters/des Geistes in euch bewusst, dass der erste Gott, den ihr im Leben erfahren habt, eure Mutter, ***eine Maria*** war.

☆☆☆

Meditation und innere Heilung – Die Mutter-Göttin

Ihr seid durch den Körper einer Göttin auf die Welt gekommen, in die Materie, die selbst wieder Göttin ist.

Der Himmel ist also schon auf der Erde, und zwar mit EUCH!

In diesem Glauben und in diesem Bewusstsein, dass es so ist, seid ihr gekommen.

Dann geschah es.

Eure Mutter war womöglich nicht in diesem Bewusstseins-zustand mehr, da sie selbst schon vergessen hatte, dass sie Göttin ist.

Auch sie wurde in eine getrennte Welt geboren und nahm die Glaubensmuster einer mittlerweile veralteten Gesellschaft in sich auf.

Sie weiß, dass sie jetzt Mutter ist. Sie weiß, dass sie für eure Nahrung zuständig ist, und es ist ganz natürlich, dass sie diesem Instinkt folgt.

Und natürlich liebt sie euch! Sie liebt euch mehr als alles andere, was sie bis jetzt je kannte.

Vielleicht gelangte sie dadurch innerlich durcheinan-

der. Sie spürte durch deine Geburt das erste Mal, was es bedeutet, Gott zu sein.

Vielleicht hat sie Angst, Gott zu sein.

Die Glaubenssätze, die sie eingebläut bekam wie alle anderen (wir sind nicht Gott, Gott ist außerhalb, Gott ist männlich...), sie machen ihr zu schaffen, unbewusst.

Aber du weißt es: Sie ist die Göttin!
Sie ist da und versorgt dich, wickelt dich, wärmt dich, schützt dich, liebt dich.

☆☆

Gehe jetzt bitte ganz bewusst in diesen Zustand zurück. Sie steht stellvertretend für Gott und Göttin in dir. Sie schenkte dir dein Leben, sie gab dir die erste Nahrung: Liebe!

Diese Liebe floss dann aus ihrer Brust in Form von Milch.

Ihr Körper schützte dich und gab dir Liebe in Form von Energie und Wärme.

Dann gehe ganz bewusst mit deinem Inneren Kind zu ihr zurück.

Sag ihr, dass du sie verurteilt hast, weil sie sich später nicht benommen hat wie Gott und wie du es von ihr erwartet hast.

Sie war einfach zuerst sie selbst, und dann war sie Gott.

Aber du sahst Gott in ihr, das absolut Vollkommene.

Wie konnte sie vollkommen sein im Leben, wenn sie nicht daran glaubte?

Bitte sage jetzt folgende Worte zu dir und zu ihr:

„Ich vergebe dir und mir selbst, dass wir nicht geglaubt haben, Gottes Liebe und Gottes Bewusstsein in einem zu sein.

Ich erlaube dir, jetzt die Göttin zu sein, die du in Wahrheit bist.

Ich erlaube dir, dass du alle Vorwürfe dir gegenüber zurücknimmst, die du vor dir selbst ausgesprochen hast, weil du dich dafür verurteilt hast, nicht vollkommen genug für mich zu sein.

Ich erlaube dir, dich jetzt wieder mit der Liebe Gottes zu verbinden, mit der Göttin Erde und mit der heiligen, magnetischen Energie in dir.“

Lass es geschehen. Achte bitte, wie diese Liebe wieder zu ihr fließt und dann zu dir – sie gibt, du nimmst.

Gib dich diesem Kreislauf aus Energie und Liebe hin, die direkt aus eurem höchsten Selbst in euch, Gottes Liebe, zu euch fließt und euer Herz ganz weit und offen macht.

Visualisiere dann ein gewaltiges Herz in der Erde, das Herz der Göttin Erde, und von dort geht ein spiralförmiger Kanal zu euch nach oben.

Sieh, wie der Kanal dich und deine Mutter erreicht, und wie ihr mit dem Blut, der Energie, der Liebe der Erde versorgt werdet.

Dieser Kanal ist sozusagen eure Nabelschnur zur Göttin.

Die Energie fließt durch den Kanal in euren Herzraum, dehnt sich aus, mit jedem Herzschlag gelangt sie in euer Energiesystem und in euren Körper.

Tiefe Zufriedenheit, tiefes Vertrauen, tiefes Glück und tiefe Freude erfüllen euch.

Ihr steht euch gegenüber:

Mutter und Tochter
Mutter und Sohn.

Sie war stellvertretend die erste Göttin in deinem Leben.

Ehre sie als die erste Göttin in deinem Leben.

Lass alle Traurigkeit los, dass ihr so lange getrennt wart: du und die Mutter, die Göttin und du.

☆☆☆

SELBST-Ermächtigung mit der Mutter

Gehe nun mit deiner Mutter und deinem Inneren Kind zu deinen Ahnen. Bitte sie alle zu dir.

Erlaube ihnen, dass sie sich zusammen mit euch an die heilige magnetische Liebesenergie aus dem Herzen der Erde anschließen dürfen.

Segne ihre Angst, ihre Traurigkeit, ihre Verzweiflung und auch ihre Wut, dass es so lange gedauert hat, bis dies nun endlich – durch dich – bewusst geschehen darf.

Erlaube zu fühlen, wie euch diese starke Energie aus dem Herzen der Göttin nährt, wie sie euch alle verbindet zu einer großen Göttin.

Dann sprich innerlich feierlich folgende Worte des Bewusstseins:

„In eurem Namen verbinde ich mich jetzt und für alle Zeiten mit der Liebe Gottes und der großen Muttergöttin im Universum.

Wir sind die Liebe und auf ewig mit Gottes Liebe in uns verbunden.

Im Universum geht nichts verloren – allein die Liebe zählt!

In eurem und in meinem Namen nehme ich nun die Liebe meines Selbst und den ganzen Reichtum und die Fülle, die schon immer da waren, an.

Ich übergebe mich und euch nun der absoluten Liebe Gottes in uns.

Amen."

☆☆☆

Die Heilung deiner inneren Frau und Magdalena

Nun geht es darum, dass du dir erlaubst, deine Göttin in dir zu erkennen, egal, ob du als Mann oder als Frau hier verkörpert bist.

Viele Verkörperungen habt ihr als Mann und Frau auf der Erde erlebt, um diese Erfahrungen machen zu können.

Dieses Mal ist es so weit, diese Erfahrungen bewusst zu leben.

Die Göttin, Isis, Maria, ich, Magdalena, wir waren tief in eurem Unterbewusstsein vergraben.

Nun möchtest du die Liebe leben, die Schönheit sein, die Kreativität zum Ausdruck bringen, das Paradies schöpfen, das WIR alles sind: die Göttin in dir.

Entscheide dich nun bitte ganz bewusst, uns, all deine Göttinnenarchetypen, in dein Leben zurückzuholen.

Wir lieben dich schon immer, unsere Liebe kann aber erst im Innen und Außen zu dir fließen, wenn du uns wieder in dein Bewusstsein und dein Leben zurück bittest.

Suche nach ihr in deinem Inneren.

- *Siehst du sie?*
- *Was siehst du?*
- *Einen Schatten?*
- *Einen Körper?*
- *Eine Frau?*
- *Wie sieht sie aus, deine innere Frau, deine innere Göttin, deine Maria und deine Magdalena?*
- *Wie fühlt sie sich in dir an?*
- *Ist sie traurig?*
- *Ist sie wütend?*
- *Ist sie resigniert?*
- *Ist sie total erschöpft und müde vom Kampf um Anerkennung?*
- *Hat sie sich aus Enttäuschung und aus Angst, wieder und wieder verletzt zu werden, zurückgezogen?*
- *Wohin?*
- *Auf eine Burg?*
- *In eine Höhle?*
- *In einen Wald?*

Und du siehst sie jetzt in deinem Inneren.

Kaum sichtbar vielleicht, ein Schatten ihrer selbst.

Du weißt, dass sie da sein muss, die Göttin in dir.

Du kannst sie noch nicht fühlen, doch du weißt, sie muss da sein.

Noch tiefer gehst du, um sie zu suchen.

Dann siehst du sie.
Sie ist ganz zart und schwach.
Auch sie liegt am Boden.
Zusammengekrümmt vor Schmerz.
Resigniert und teilnahmslos.
Sie wartet.
Alle Hoffnung hat sie aufgegeben, dennoch wartet sie.

Was bleibt ihr auch anderes übrig, als auf ihre Erlösung zu warten?

Ihr Herz schlägt noch, und so langsam kommt in dir die Ahnung auf, wie sehr sie verletzt sein muss.

All die Jahre und Inkarnationen war sie da und gab Kraft und Energie.

Versuchte, alles zu geben.
War immer da und gab bedingungslos.
Und es wurde einfach genommen.
Hart arbeitete sie und kämpfen musste sie, es blieb ihr nichts anderes übrig.

Niemand hat sie gesehen, niemand hat sie geehrt.
Im Gegenteil, alles was sie gab, war nicht genug.
Keine Anerkennung, keine Dankbarkeit, keine Fürsorge, kein Schutz.

Stattdessen immer und immer wieder Verletzungen. Körperliche Verletzung und Missbrauch auf allen Ebenen, Verleugnung und Beschimpfung.

„Hure“
„Satanstochter“
„Schlampe“
„Sünderin“ (wegen was?)
„Hexe“... die Worte hallen in deinen Ohren.

Sie und ihr Körper wurden verteufelt und abgelehnt. Alles, was sie gab, wurde als Selbstverständlichkeit ohne Gegengabe genommen.

Ausbeutung auf allen Ebenen, Verrat auf allen Ebenen.

Du siehst sie da liegen und kannst ihre unendliche Müdigkeit und Erschöpfung fühlen.

Sie kann nicht mehr.

Und je mehr sie aus deinen zahlreichen Leben verschwand, umso mehr kam der Mangel.

Der Mangel an Liebe, der Mangel an Energie, der Mangel an Schönheit, der Mangel an Reichtum im Innen und im Außen.

Du erkennst es plötzlich:

Alles, wofür du lebst und immer schon gelebt hast, liegt hier auf dem Boden!

Alles, was du dir je erträumt und gewünscht hast, liegt hier im Schmutz und ist verletzt, unterdrückt und ungesehen.

Du schüttelst dich und realisierst fassungslos:

Das bin ich und Gottes Liebe in mir!
So weit ist es mit uns gekommen.
So weit haben wir uns entfernt von Gott und der Freude. Wie konnte das nur geschehen?

Tiefe Traurigkeit kommt in dir hoch.

Du hebst sie auf und bittest um Hilfe.
Schmerz und Verzweiflung steigen hoch.
Du siehst, sie ist scheinbar verloren, so wie du.
Mit ihr zusammen liegen dein Herz, deine Freude, deine Lust, dein Sein im Sterben.
Du fühlst nur noch Entsetzen und Fassungslosigkeit.

Jesus und ich, Maria Magdalena, wir kommen, um dich zu unterstützen, wenn du um unsere Anwesenheit bittest.

Du lässt es geschehen.

Jesus nimmt ihren Kopf und ihren Körper auf seinen Schoß.

Sein Licht beginnt, ihren Körper zu fluten.

Ich, Magdalena, knie vor ihren Füßen. Ich beginne mit meiner Arbeit.

Ich wasche ihre Wunden, bette sie auf reine, weiße Tücher und lege weiche, duftende Rosenblätter auf ihren Körper.

Wir umgeben sie mit dem christusroten Licht der bedingungslosen Liebe und des Mitgefühls.

Wir beide, Jesus und ich, bauen ein Feld von prickelndem Licht und Weisheit, Schutz, Gnade, Barmherzigkeit und bedingungsloser reiner Liebe um sie herum auf.

Dann öffne ich ihre magnetischen Tore zur Erde hin, damit sie den Zugang zu ihrer Kraft wiederbekommen kann.

Ich öffne die Tore, die seither verschlossen waren, weil es verboten war, sie zu öffnen.

Ich beginne mit den Fußchakren.
Mit einem tiefen Atemzug bin ich schon eins mit der Erde und der Kundalinikraft, der Schlangenkraft der Großen Göttin, der Kraft des Universums.

Ich ziehe die Kraft aus dem Herzen der Erde nach oben in mein Herz und in meine Hände. Ein rotgoldener Strahl aus purer Liebesenergie steigt nach oben und beginnt, die Fußsohlen und die geschlossenen Chakren zu umstreichen. Ich fühle die Wärme und Hitze nach oben steigen wie glühende Lava. Sie reißt alles mit sich.

Die Chakren sehen aus wie verschlossene Tore, ja, geschlossene Schleusen. Die Energie fließt und wird immer stärker. Die Hitze beginnt, die Schleusen zu schmelzen.

Zuerst ganz dünnflüssig und dann zunehmend kräftiger, beginnt der Strom sich durch diese alte Schleusen zu bahnen, bis sie mit einem letzten Bersten auseinanderbrechen.

Dann beginnen die Chakren ihre eigentliche Arbeit, befreit beginnen sie sich zu drehen und fangen an, die Energie nach innen und nach oben in Richtung Herz zu befördern.

Es geht weiter. Die nächste Barriere sind die Schleusen und Chakren in den Knien.

Auch hier bahnt sich die Energie wie heiße Lava ihren Weg. Unerbittlich, langsam und unaufhaltsam fließt es, schmilzt es, bricht hindurch.

Weiter geht es zu den Oberschenkeln und Hüften.

Hier fühlt es sich besonders verrostet an. Hier sitzt die Angst, Altes loszulassen und den Weg weiterzugehen. Gehen, gehen, gehen.

Heiß steigt die Lava nach oben und bahnt sich den Weg. Sie gelangt in den Unterleib und zum Wurzelchakra.

Ein scheinbar unüberwindbares Hindernis. Viel zu klein die Öffnung, die die Energie hindurchlassen soll. Verschlossen oder ganz klein die Öffnung, da das Vertrauen in das Göttliche immer weniger wurde, von schmerzhafter Erfahrung zu noch mehr Schmerz. Doch die Liebe bahnt sich ihren Weg, spült und brennt alles hinweg.

Und du schaust zu, wie die Energie im Körper deiner inneren Frau nach oben zu steigen beginnt.

Kannst du es schon fühlen?

Kannst du die Wärme und Hitze in deinen Beinen und in deinem Unterleib fühlen?

Erlaube dir, zu fühlen. Alles wird ganz warm und schwer und angenehm wohlig. Du fühlst dich, als würdest du auf einem Kachelofen sitzen. Du entspannst dich zunehmend.

Dann gelangt die Energie in dein Sakralchakra.

Die Männer fühlen, wie ihr Unterleib mit Kraft und Stärke erfüllt wird. Diese Energie ist stärker als alles, was ihr bisher unbewusst empfunden habt.

Die Frauen spüren ein Pulsieren. Die Energie steht kurz vor dem magnetischen Tor, dem magnetischen Boden.

Vor deinem inneren Auge siehst du, dass sich dieser Boden wie durch Zauberhand zu öffnen beginnt. Es sieht aus wie eine riesige Zugbrücke, die heruntergelassen wird.

Das Tor dahinter öffnet sich langsam, die alten schweren Balken fallen auf den Boden. Die Gittertore öffnen sich.

Frei wird der Weg in deinen Körper und in die anderen Chakren.

Du siehst nur noch Rot.

Rote pulsierende Hitze steigt weiter vom Sakralchakra aus in den Bauchraum. Dein Bauch wird ganz warm. Wohlige Wärme, als hättest du eine Wärmflasche auf dir liegen, erreicht deinen Magen und umströmt deinen Darm.

Auch du gibst dich dem Gefühl hin, das nun zu dir kommt:

Grenzenloses Urvertrauen in Alles-was-ist.

Du siehst, wie sich deine innere Frau langsam streckt und aufrichtet.

Sie blickt dich an.

Dankbar siehst du, wie die Farbe in ihr Gesicht zurückkommt, und sie beginnt vor deinen Augen wie eine Rose zu blühen.

Die Wärme und Hitze, das rote Pulsieren gelangt schließlich in den Herzraum.

Du siehst hier zum ersten Mal deinen inneren goldenen Gral.

Die rote Energie beginnt am Sockel des Grals durch ein weiteres magnetisches Tor zu fließen.

Jetzt ist sie ganz im Zentrum deines Herzens, in deinem Gral angekommen.

Dein Herz beginnt, die Liebesenergie von hier aus direkt weiter in jeden Körperbereich zu pumpen.

Du musst nichts tun, alles geschieht ganz leicht und selbstverständlich.

Du siehst, dass deine innere Frau wie Dornröschen auf dem Rosenbett liegt.

Jesus und ich sind immer noch bei ihr.

Du kniest dich hin. Sag ihr, dass du sie zurückhaben willst in deinem Leben.

Als dein Herz,
als deine Rose,
als deine Hohepriesterin mit göttlicher Intuition,
als deine heilige Frau,
als dein Gefühl,
als deine Liebe in dir.

Heb sie auf, halte sie.
Liebe sie, damit sie dich wieder lieben kann.
Vertraue ihr, damit sie dir wieder vertrauen kann.
Gib dich ihr hin, damit sie sich dir hingeben kann.

Küsse ihre Tränen fort, es sind die deinen.

Besänftige ihre Wut und Verzweiflung, ihre Resignation, und bitte sie um Vergebung, es ist deine Wut.

Heile ihre Wunden mit deiner Liebe, es sind deine Wunden, die du dir selbst geschlagen, weil du sie aus deinem Leben vertrieben hast.

Du hast sie unterdrückt,
du hast sie missbraucht,
du hast sie betrogen,
du hast sie angelogen,
du hast dich von ihr getrennt.

Nicht sie hat sich von dir getrennt,
du hast dich von ihr getrennt!

Doch jetzt ist alles gut!

Du hast genug gelernt, du weißt jetzt, wie es ist, ohne Liebe zu sein.

Arm und krank,
im Mangel.

Hör auf, dich selbst zu bestrafen.
Komm zurück in ihre Arme.
Lass dich lieben.

Und sie schaut dich an und sagt:

„Lass mich dein Flügel sein,
dein Ton, dein Klang,
dein Ozean und dein Hafen.
Lass mich wieder dein EIN und ALLES sein.

Nimm mich wieder als deine Herzenskönigin in dein Herz, auf meinen Thron.

Gib mir wieder das Recht, die Kugel zu sein, um die du dich drehst.

Ich bin es: deine Göttin, die Liebe deines SELBST in DIR, Maria, Magdalena, Isis, Shakti, Lakshmi, Mata, Devi.

Ich bin Maria aus Magdala.

Ich bin gekommen, um die Liebe in dir zurückzubringen,
das Licht Gottes zurückzubringen in dir,
meine Liebe zu leben in dir,
meine Freude zu leben in dir,
meine uneingeschränkte Kreativität auszuleben in dir,
mein Herz erneut zu verschenken an IHN.

Den Menschen ihre Berufung zu zeigen,
den Menschen zu helfen, zurück zu IHM zu kommen,
die Freude und das Licht zu verbreiten,
die bedingungslose Liebe im Innen und im Außen zu leben,
die Tiere in ihrer Arbeit zu unterstützen,
den Menschen zu helfen zu erkennen, was und wer sie wirklich sind.

IHRE Liebe wird durch mich fließen
und die Weiblichkeit an ihren Ursprung erinnern.

IHR Licht wird durch mich fließen,
um es in den Menschen zu entzünden.

Die Liebe der Erde fließt durch mich
und kann a l l e s daran erinnern, was der Plan war,
was mit mir in Berührung kommt.

Dies war der Grund, warum ich erneut gekommen bin.
Ich bin gekommen für die Frauen dieser Erde,
damit sie sich erinnern, wer sie sind.

Damit sie IHN erkennen, wenn sie IHN treffen.

Damit sie wieder Frau sein dürfen.
Damit sie sich wieder hingeben können.
Damit sie wieder frei sind.
Damit sie wieder glücklich sind.

Auf dass Friede und Glück herrsche zwischen Mann und Frau.

So sei es! So werde es!
Amen.

Maria, Mirjam aus Magdala

Du bittest sie, dass sie dich wieder in ihr Herz nimmt, und schaust zu, wie ihr beide zusammen verschmelzt, bis du dich selbst in ihr erkennst und auf diesem Bett aus Rosen liegst, umsorgt und umhüllt von der Liebe, die Jesus und ich dir geben.

Du fühlst dein Herz, und du fühlst die Liebe.

Du bist wieder EINS mit der Liebe.

Endlich!

☆☆☆

Die fünf Elemente in euch

Alle Elemente (Erde, Feuer, Himmel, Wasser, Luft) sind in euch vorhanden, genau wie die Polaritäten. Ihr seid selbst Bestandteile der Elemente, ihr seid aus diesen Elementen in die Materie gekommen.

Ein grundlegendes Geheimnis, wie der Geist zur Materie wird, ist das Wissen um den Umgang mit den Elementen.

Eines Tages werdet ihr wieder kompletten Zugang haben zu den inneren Geheimnissen der Elemente. Ihr werdet sie selbst in euch leiten und verändern können.

Danach werdet ihr die Elemente in anderen Materien leiten und verändern können, und dadurch kommt ihr den Schöpfungsgeheimnissen noch weiter auf die Spur.

Das alles könnt ihr mit eurem Bewusstsein tun.

Das ist dann das Geheimnis, wie man aus Blei Gold gewinnen, Dinge materialisieren und genauso wieder entmaterialisieren kann.

Nach der Herzalchemie und dem Gleichgewicht der Polaritäten und der Emotionen in euch kommt die Meisterschaft über die Elemente.

Wie ihr aus den Wundern Jeshuas, von denen berichtet wird, wisst, war er ebenfalls Meister über die Elemente. Er vermehrte Materie, er beherrschte das Wasser, die Luft, den Himmel, die Erde, er sprach die allverbindende Sprache der Liebe und konnte so mit seinem Bewusstsein die Elemente in sich selbst und um sich herum leiten und verändern.

Es war ihm durchaus ernst damit, als er sagte, dass ihr eines Tages noch größere Dinge tun würdet als er damals.

Seid also bereit, es endlich anzunehmen: Ihr seid wahrlich im Entwicklungsprozess, bewusste Schöpfergötter auf Erden zu sein.

☆☆☆

Das Element Erde

Um euer Element Erde in euch selbst zu stärken, empfehle ich euch, euch so oft ihr könnt mit der Kraft und Liebe der Erde zu verbinden.

Nehmt bewusst Kontakt auf mit der magnetisch-weiblichen Polarität der Erde, mit der Liebesenergie.

Öffnet eure Fußchakren und die Nebenchakren in den Knien, Oberschenkeln, das Basischakra und das magnetische Tor im Sakralchakra.

Übt es zu erkennen, wie die magnetische Energie, die Schlangenkraft der Erde, aus dem Zentrum der Erde, in der sich ähnlich wie im Universum Nullpunktenergie befindet, nach oben steigt und lasst mit eurem Geist zu, dass ihr euch an dieses Herz in der Erde anschließt.

Lasst bewusst zu, dass die Liebe der Erde und des Universums, die Liebe und die Kraft der großen Schöpfermutter in euch aufsteigt.

Erlaubt, sie zu fühlen!

Lasst zu, wie die Liebesenergie in euren Herzraum fließt und dort durch den Boden eures Herzgrals hindurch nach oben steigt.

Dort verbindet sie sich mit der kosmischen Lichtenergie des Himmels, die über die Krone in euch einfließt.

Ladet die Energie der Mutter in euer Herz ein.

Nehmt Kontakt auf zur Mutter und lasst euch nähren.

Erlaubt euch, die Erde und damit euren Körper, der für das Element Erde in euch steht, wieder zu fühlen.

Entwickelt Mitgefühl für die Geschöpfe der Erde, für alle Tiere, Pflanzen und Menschen und natürlich für euren Körper, für euch selbst.

Öffnet die Schleusen der Angst, wieder alles zu fühlen.

Durch die Trennung zum Element Erde wurde es überhaupt möglich, dass der Mensch sein Mitgefühl verlor und der Erde und seinen Geschöpfen all das antat.

Entscheidet euch bewusst, wieder die Erde und euren Körper fühlen zu wollen.

Natürlich könnt ihr dann wieder fühlen.

Ihr fühlt euren Schmerz, ihr fühlt den Schmerz der anderen Geschöpfe um euch herum.

Doch habt keine Angst, Mitgefühl ist der Weg zu Gott.

Nur über das Mitgefühl und die Liebe seid ihr wirklich und in Wahrheit mit allem verbunden.

Der Geist ohne Mitgefühl ist ohne Wahrheit.

Die Wahrheit könnt ihr nur fühlen und wissen in EINEM.

Ihr könnt die Erde retten und wieder ein Paradies daraus machen, wenn ihr euch für die Erde in euch, für den Planeten Erde und für die Liebe entscheidet.

Die Kraft der Erde wird euch von innen heraus ein tiefes Urvertrauen schenken. Sie wird euer Herz anfüllen mit echtem Frieden und Geborgenheit.

All der Streit um Energie hat ein Ende, denn es ist genug Energie und Liebe für alle da.

Gottes Liebe ist unermesslich und hat keinen Anfang und kein Ende. Für alle ist genug Liebe, Kraft, Energie und Fülle da.

Genau das bedeutet es, zentriert im Herzen und im Frieden mit Gott zu sein, nichts anderes.

Euer Körper ist die Materie, so, wie die Erde die Materie ist. Euer Körper besteht aus denselben Substanzen wie die Erde. Das Licht in euren Zellen wird transportiert durch das Licht der Erde: Silizium.

Silizium speichert das Licht des Universums, das Bewusstsein, die Klarheit, das Christuslicht.

Silizium ist der Gral der Erde, der das Licht in sich aufnimmt, und die Schöpfermatrix.

Ihr seid das Salz der Erde. Das Salz enthält elektrische Polarität, leitet und sorgt für den Polaritätenausgleich und den Austausch für Wechsel, Veränderung und Transformation in eurem Körper.

Ihr seid die Erde.

Und so hat jeder Baustein der Erde seine Aufgabe in eurem Körper.

Begreift ihr jetzt, wie wichtig es ist, euren Körper zu lieben, damit ihr auch die Erde wieder lieben könnt?

Euer Körper ist der Tempel für den Geist, die Energie des Himmels.

Lobt und preist die Erde in euch, die Erde um euch. Seid dankbar und erfüllt mit Freude über den Reichtum, den die Erde euch schenkt.

Verbindet euch mit dem Herzen und der Erde, fühlt einander, liebt einander.

Nehmt die Erde, euren Körper, bewusst als Aspekt der Großen Göttin an.

Maria, Shakti, Isis, Mata Devi.

Om Shanti OM

Das Element Feuer

Das Feuer in euch ist eng verbunden mit der Erde. Es hat die größte Transformationskraft.

Ihr könnt euch mit dem Feuer in euch verbinden, wenn ihr eine Kerze betrachtet. Auf diese Weise entzündet sich auch ein bewusstes Feuer in euch.

Das Feuer wird mit der Kreativität verbunden. Es ist die Leidenschaft, die Brennkraft, die höchste Energie in der Materie. Es steht gleichbedeutend mit der Leuchtkraft eurer Seele.

Wofür brennt ihr?
Was ist eure höchste Ekstase?
Was entfacht in euch die größte Leidenschaft?
Habt ihr die Leidenschaft in euch unterdrückt, habt ihr euer Seelenfeuer ausgetreten?

Das Feuer, das Temperament, die Leidenschaft und die Begeisterungsfähigkeit bringen euch voran, treiben euch an, sind euer Motor. Es zerstört, transformiert und bereitet den Boden, die Erde, euren Körper für neues Leben vor. Es bringt die Erde zum Glühen, zum Schmelzen und verändert dadurch die Materie.

Das kann es auch in euch tun, wenn ihr es zulasst.

Lasst euer Seelenfeuer brennen, eure Leidenschaft emporglühen.

Erlaubt euch, Gottes Willen, Gottes Freude, Gottes Leidenschaft in euch zu entdecken, den Weg eurer Seele zu gehen.

Das, wofür ihr „brennt“, wird der Welt zugute kommen, euch glücklich machen, damit ihr die Welt glücklich machen könnt.

Nur so kann etwas in der Welt verändert werden.
Nur so kann das Paradies aufgebaut werden.

Euer Feuer, eure Leidenschaft, euer Durchsetzungswille, eure Transformationskraft bringen die Veränderung, die Erneuerung, die NEUE ERDE.

Ihr seid das Licht der Welt!

☆☆☆

Das Element des Himmels

Die Energie des Himmels ist die männliche Energie. Sie ist reines Bewusstsein, ohne Gefühl. Sie ist reine Information, reine Schwingung. Sie ist Licht, Schwingung,

Farbe, Klang, Frequenz, wie immer ihr es nennen wollt.

Die Energien des Himmels kommen durch eure geöffnete Krone in euren Körper.

Eure Seelenenergie, eure Seelenstrukturen, sie entsprechen dem Geist und den Ebenen des Geistes, die formlos sind.

Öffnet bewusst eure Krone und lasst das Licht des Vaters, das Licht eurer höchsten Engelanteile in euch einfließen.

Nehmt den Vater in euch an, eure männliche Polarität in euch. So können das göttliche Bewusstsein und die Energien des heiligen Geistes in euren Körper gelangen und ihn informieren mit eurer höchsten Vision.

Geht in die Meditation und öffnet euch dem Himmel.

Bittet darum, dass das Licht des Vaters und eurer Seele, eure höchste Vision, eure höchsten Anteile, eure Engel ganz von euch Besitz ergreifen dürfen.

Bittet um höchste Führung, höchste Erleuchtung, höchste Inspiration.

Fühlt dann, wie das Licht in euch hineinfließt, und wie alles klar und einfach wird.

Erlaubt, dass die Lösung bereits da ist, die Antwort bereits da ist auf alle Fragen.

Erlaubt euch, zu wissen.
Erlaubt euch, zu sehen.
Erlaubt euch, den Plan in Händen zu halten.

Alles kommt von SELBST.

Begebt euch in die Hände des Vaters und gebt euren Willen in die Hände eurer Seele, in Gottes Hände.

Om namah Shivaya
Dein Wille geschehe!

☆☆☆

Das Element Wasser

Das Element Wasser steht für Fließen, Fluss, Strömen, Bewässern, Befeuchten und für das Gefühl.

Es wässert die Erde, damit Leben in ihr wachsen kann.

Es bereitet die Erde für Wachstum vor und sorgt dafür, dass alles, was in der Erde wächst, zum Blühen und Gedeihen kommt.

Wasser ist das grenzenlose Vertrauen in den unendlichen Fluss.

Wasser findet immer einen Weg.

Wasser kann sich in verschiedene Formen verändern und bleibt dennoch gleich.

Das Wasser ist euer Gefühlsbarometer.

Es kann gefrieren, es kann kochen, es kann sanft fließen, es kann brausen, mit endloser Gewalt reißend sein.

Das Wasser in euch regelt den Gefühlshaushalt.

Gebt euch dem Wasser hin, vertraut in den Fluss des Lebens und lasst es so gut und so frei wie möglich fließen, damit alles im Fluss bleibt.

Festhalten bedeutet Stillstand.
Stillstand bedeutet Stau.
Loslassen bedeutet, im Fluss und im Vertrauen zu sein.
Im Vertrauen sein bedeutet zu leben.

Verbindet euch mit dem Wasserelement in euch, indem ihr hineinspürt in den Fluss.

Seid ihr im Fluss, läuft alles wie von selbst.

Augenblick zu Augenblick regelt sich, in dem ihr nicht festhaltet, sondern loslasst und alles so annehmt, wie es in eurem Leben geschieht.

Auf diese Weise nehmt ihr alle Emotionen, durch die ihr hindurchlauft, in Liebe an, und nichts bleibt verhaftet in euch.

Sobald an etwas festgehalten wird, kommt es sofort zum Stau, der Fluss ist behindert, und es kann nicht weitergehen.

Das Wasserelement regelt und meistert ihr in euch, indem ihr alles loslasst, was nicht eurer Freude und Gottes Wahrheit entspricht.

Das Wasser reagiert auf Gedanken. Ihr könnt das Wasser mit positiven Gedanken informieren und somit euer gesamtes System, euren Körper, dessen Hauptbestandteil ja Erde und Wasser ist, mit Gedanken der Wahrheit für positive Schöpfung einstimmen.

Um besser in den Fluss zu kommen, geht so oft wie möglich schwimmen oder begebt euch in die Nähe von fließendem Wasser. Schon der Anblick von Wasser wird euch Heilung bringen.

Das Wasserelement hat von allen Elementen die größte Heilkraft.

Das Wasser eurer Ozeane enthält das größte Heilungspotenzial, deshalb ist es wichtig, es nicht zu vergiften.

Der freie Fluss von Wasser in euch steht stellvertretend für den freien Energiefluss in euch, also den freien Fluss der Liebe eures Selbst in euch.

☆☆☆

Das Element Luft

Das Element Luft in euch entspricht euren Gedanken und eurem Verstand.

Die Meisterschaft über den Verstand zu erhalten bedeutet, die Illusion der Trennung auf allen Ebenen zu durchschauen.

Sobald euer Verstand herzintegriert ist und in Übereinstimmung mit eurer Seelenenergie steht, wird euren Schöpfungen, die euch und die Erde bereichern, nichts mehr im Wege stehen.

Je mehr ihr eure Gedanken im Fluss des Göttlichen halten könnt, umso ruhiger und sanfter wird euer Gemüt werden.

Die Luft ist ebenfalls Träger von Informationen, wie das Wasser. Die Luft bringt die Gedanken von einem Ort zum anderen.

Ihr werdet mit der Zeit verstehen, wie machtvoll eure Gedanken sind. Jeder Gedanke erzeugt ein Energiemuster, das durch die Luft übertragen wird.

Die Luft ist also Transportmittel für jegliche Information.

Mit der Luft werden eure Gedanken und Heilinformationen auch bei Fernheilungen übertragen. Ihr gebt die Liebesenergie der Erde, die Bewusstseinsenergie des Himmels aus euch heraus, mit den Gedanken und Gefühlen dazu in die Luft. Diese Kombination aus Gedanke und Gefühl bewirkt einen Schöpfungsablauf.

Selbstverständlich ist das nicht nur bei Heilarbeit so. Jeder Gedanke ist mit einem Gefühl gekoppelt und bewirkt, einmal freigesetzt, einen Schöpfungsablauf.

Das Element Luft in euch zu meistern bedeutet also, Meister über euren Verstand und eure Gedanken zu werden.

Da die Luft das lebensnotwendigste Element ist, könnt ihr vielleicht ahnen, dass die Luft nicht nur zum Atmen und für eure Sauerstoffversorgung wichtig, sondern sie für Informationsaustausch auf allen Ebenen lebenswichtig ist.

Sämtliche Morphogenetischen Felder sind mit dem Element Luft verbunden.

Wenn ihr das Element Luft in euch verändern und leiten könnt, dann seid ihr in der Lage, die Information der Dinge zu verändern. Die Information ist immer notwendig, um Form zu schaffen. Ändert ihr die Information, könnt ihr auch die Form verändern. Das wird in Zukunft für die Materialisation und Entmaterialisation eine große Bedeutung haben.

☆☆☆

Die Verschmelzung von Gott und Göttin in dir

Einheit von Bewusstsein und Liebe, Verstand und Herz, Himmel und Erde in dir

Nun hast du dir also ausgiebig in verschiedenen Meditationen und Auseinandersetzungen mit dir deinem Selbst einen liebevollen Rahmen geschaffen.

Du hast die heiligen Dreieinigkeiten in dir langsam, Stück für Stück, erschlossen und sie dir bewusst gemacht, als Bestandteile deines SELBST.

Du hast alte Muster und Gedanken in Liebe aufgelöst = vergeben.

Gotteskindschaft

Du hast Zugang zu deinem Inneren Kind, und du weißt, dass du das geliebte Kind Gottes bist und dass dein wahres Zuhause in dir liegt, dein Paradies mit der Einheit deines Selbst und dir, deiner Persönlichkeit in diesem Leben.

Christus

Du hast deinen inneren Mann, den Christus in dir, gefunden und ihm die Führung übergeben.

Er hat nun die offizielle Erlaubnis, durch dich zu wirken, dich zu führen, seinen Geist in Form von Ideen, Visionen, Plänen an dich weiterzugeben.

Er gibt dir Halt, er gibt dir Struktur, er hat den Plan, und du führst ihn aus.

Du hast ihn erlöst von seinen Qualen und seinen Selbst-Sabotage-Programmen.

Du hast ihn heruntergenommen von seinem Kreuz, seine Wunden versorgt und gereinigt.

Du hast ihn gebeten, in dein Leben zurückzukommen, als dein göttlicher Wille, dein göttlicher Seelenplan, deine göttliche Führung in dir.

Du hast ihn ganz angenommen und fühlst seine Stärke, seinen Willen, seine Weisheit, seine Führung. Sie richtet dich auf und macht dich regelrecht strahlend.

Du brauchst keinen Schutz mehr, denn er schützt dich.

Du brauchst keine Angst mehr haben, denn er ist bei dir alle Tage, bis ans Ende der Welt.

Du brauchst niemanden mehr, der dir im Außen sagt, wo es lang geht, denn er sagt es dir in deinem Herzen.

Und du hast ihn auf seinen rechtmäßigen Thron in deinem Herzen gesetzt.

Er hat ein leuchtend blaues Gewand an mit goldenen Abschlüssen, vielleicht ist er auch ganz in Weiß und Gold gekleidet, und du setzt ihm eine Krone auf.

Er trägt als Zeichen seiner königlichen Attribute einen Hirtenstab (Wille) und ein Schwert (Wahrheit) in den Händen.

Seine Augen strahlen voller Liebe, Hingabe und Weisheit, wenn er dich betrachtet.

Er strahlt eine natürliche und liebevolle Autorität aus, und du kannst seine Liebe und Stärke ganz deutlich fühlen.

Sag ihm noch einmal, wie sehr du ihn vermisst hast.

Wie sehr du dich nach ihm gesehnt hast.

Lass deinen Tränen als Ausdruck der Trennung von ihm freien Lauf und lass dich heilen.

Er nimmt dich in seine Arme. Er kommt zurück zu dir, er ist wieder zurück, ein Teil von dir, von dem du nur geglaubt hast, er sei weg gewesen.

Er kommt zurück, nimmt seinen Platz ein, ganz selbstverständlich ist er wieder da, als wenn er gerade zur Tür hinausgegangen wäre, nur für einen kurzen Augenblick.

Dein Herzenskönig ist zurück!
Sein Wille geschehe!

Du bist Gottes Licht und Liebe,
er selbst strahlt durch dich,
er selbst wirkt durch dich!
Deine Schöpferkraft
ist das goldene Licht in dir.

Gib dich dem strahlenden, goldgelben Licht hin,
es kommt von oben, direkt aus der Unendlichkeit,
und das Licht wird sich dir hingeben.

Magdalena

Dann hast du deine innere Magdalena wiedergefunden. Du hast sie gerettet, hast auch ihre Schmerzen und Wunden gesäubert, ihre Verletzungen geheilt.

Du hast ihre Tränen getrocknet und sie wieder angenommen als die Liebe, die schon immer zu dir gehört hat, die Liebe, die einfach immer da war, auch wenn wir sie alle nicht gesehen haben, weil die Zeit noch nicht so weit war auf der Erde.

Du hast sie zurückgebeten in dein Leben, als Gottes Liebe in dir.

Du hast ihr gesagt, wie sehr du sie vermisst hast, und wie sehr du ihre Liebe brauchst.

Wie sehr du ihr Mitgefühl und ihre Kraft brauchst, wie sehr du ihre Liebe in Form von magnetischer Energie der Erde für dich benötigst.

Du hast ihre Kraft und ihre Liebe angenommen.

Wie ein Säugling an der Mutterbrust lässt du dich volltränken von ihrer Liebe und ihrem Mitgefühl.

Mit ihr verbunden zu sein, macht dich weich und liebevoll.

Du hast sie wieder zu dem gemacht, was sie schon immer war:

Deine Rose in deinem Herzen,
deine Intuition,
deine göttliche Liebe,
dein göttliches Mitgefühl,
dein göttliches Selbstvertrauen,
deine göttliche Selbstliebe.

Sie sitzt jetzt wieder gleichberechtigt auf ihrem Thron in deinem Herzen, in einem rotgoldenen Kleid mit einer Rose auf der Brust, einem Granatapfel in der Hand und einer wundervollen Krone auf dem herrlichen, endlos langen, weichen Haar.

Sie strahlt und ist überglücklich.

Sie ist wieder geehrt und hat alle ihre Rechte zurückbekommen.

Sie ist wieder die Königin an seiner/deiner Seite.

Du kannst ihre Herzenswärme, ihr Mitgefühl zu Allem-was-ist und ihre starke mystische, weibliche Kraft, ihre E-nergie, ganz deutlich in dir fühlen.

Sie ist zurück: deine Herzenskönigin, Gottes Liebe, Sanftmut und Schönheit in dir!

Die Göttin in dir
wartet darauf,
dass du sie in dein Leben lässt.
Die Göttin, die die Fülle ist und immer war.

Sie ist die Liebe in deinem Herzen,
samtrot wie eine Rose fängt sie an zu blühen,
wenn du dich ihr öffnest.

Die Göttin in dir, gib dich ihr hin,
dann können die Liebe und die Fülle,
die draußen auf dich warten,
endlich zu dir finden.

Wundervoll!

Genauso hast du es dir gewünscht, nicht wahr?

Du bist göttlicher Wille, göttliche Stärke, göttliche Führung, göttliches Bewusstsein, göttliches Licht.

Du bist göttliche Liebe, göttliches Mitgefühl, göttliche Harmonie, göttliches Vertrauen.

Du bist das göttliche, geliebte Kind von Vater-Mutter-Gott!

Du bist alles in einem.

☆☆☆

Heilige Hochzeit in dir

Nun führe die beiden in dir zusammen. Deine innere Frau und deinen inneren Mann, sie sind das Liebespaar in dir.

Sie sind Gott und Göttin.
Sie sind die männliche und die weibliche Polarität in dir.
Dein Animus, deine Anima, dein Jesus, deine Magdalena.

Lass es einfach geschehen.

Die beiden sehen sich.
Sie freuen sich, weil sie sich sofort erkennen.
Sie gehen aufeinander zu.
Sie fallen voreinander auf die Knie.
Schluchzend und fast noch ungläubig umfassen sie einander, vielleicht sind sie auch nur voll von gegenseitigem Mitgefühl.

So lange waren sie getrennt.
So lange hat es gedauert.
So viel Leid und Schmerz mussten durchlebt werden, um das hier nun zu erleben:

Die Einheit.
Die Hochzeit.
Endlich!

Du lässt es geschehen.
Setz dich bequem hin.

Die beiden kommen sich immer näher.
Aus der Sehnsucht wird Verlangen.
Sie beginnen sich zu küssen.
Das Verlangen wird stärker.

Du lässt es einfach geschehen.
Du spürst die Lust in dir aufsteigen.
Du fühlst die Hitze und die vibrierende Energie in dir.

Du gibst dich hin.
Schaust zu, wie die beiden sich beginnen zu lieben.
Eins folgt aufs andere.
Du kennst das. Aber bisher hat es sich vielleicht ganz anders angefühlt.

Jetzt fühlst du die Wahrheit:
Alles geht vom Zentrum eures Herzens aus, und von dort geht es in den Unterleib, von dort!

Die beiden Schlangen in euch beginnen sich zu bewegen und aufzusteigen.

Du öffnest dich noch ein Stück.
Die Lust reißt dich mit.
Du denkst an gar nichts mehr.

Die Schlangen steigen weiter nach oben.

Da ist nur ER, da ist nur SIE.

Du siehst sie, wie sie sich in ihrem Rhythmus bewegen, ein göttlicher Tanz aus Kraft, Zartheit, Hingabe, Lust, Liebe, Bewusstsein, Licht und Energie.

Zwei Spiralen, zwei Schlangen, die, aneinander und ineinander verwoben, nach oben steigen in den Himmel.

Der Zeitpunkt der absoluten gegenseitigen Hingabe nähert sich.
Du machst noch ein Stück mehr auf.

Dann fällst du – und lässt einfach los.

Die beiden Schlangenköpfe treffen in der Mitte eurer Köpfe aufeinander und schauen sich an.

Du fällst in einen Strudel aus purem Licht, reiner Energie, eine Energiespirale, die sich um und in sich selbst dreht.

In dir blitzt und funkelt es, vibriert es, leuchtet es.
Das ist Ekstase!

Du bist völlig außer Kontrolle und lässt dich hineinfallen in den Strudel, der dich mitreißt, die Energie schlägt regelrechte Wellen, ein gigantischer Ozean aus Energie in dir, die Wellen brechen über dir zusammen und reißen dich mit.

Du lässt dich von der Energie und dem Fluss einfach tragen, bist eins mit dieser Kraft, mit dem Ozean, mit dem Wind, mit dem Strom, gibst dich einfach hin, vergisst alles, lässt alles komplett los und gehen.

Nichts ist mehr wichtig.
Du fühlst nur noch das Pulsieren und Rauschen.

Langsam verebben die Wellen wie an einem ewigen Sandstrand, der Strand des Lebens in dir.

Du wirst ganz ruhig,
du bist ganz im Jetzt.

Du bist völlig in der Hingabe an IHN, an SIE, an GOTT.

Du bist völlig im SEIN.
Absolute Stille dröhnt in deinen Ohren.

So ruhig war es noch nie in deinem Leben.
So zufrieden warst du noch nie.

Du hast alles,
du bist alles.

Es gibt nichts, was besser, schöner oder erstrebenswerter wäre als dieser Zustand:

Du bist EINS mit Gott.

Du bist EINS mit DIR und DEINEM SELBST und ALLEM, WAS EXISTIERT.

Jetzt!

☆☆

Süße Einheit

Willkommen in mir,
lange habe ich auf dich gewartet.

Jetzt bist du hier,
heimlich still und leise
in mein Leben geschlichen.
Unscheinbar still,
und doch so groß.

☆☆

Heilige Hochzeit

Ich bin die Einheit Gottes hier auf Erden.
Ich bin Gottes Liebe und Bewusstsein.
Ich bin Körper, Seele, göttlicher Geist.
In mir sind vereinigt
Maria Magdalena und Jesus Christus,
als Stellvertreter für das urweibliche und das
urmännliche Prinzip in mir hier auf der Erde,
hier in meinem Körper.
Ich bin eins mit meinem ICH BIN.
Ich bin göttliche Liebe und göttliches Bewusstsein.
Ich bin Gottes Wahrheit, Licht und Leben auf Erden.
Ich bin Gottes einzigartiger Aspekt,
von allem, was hier ist in der Materie.
Danke.

☆☆

Das Paradies ist der Zustand, wo du nicht mehr suchst, sondern weißt: ICH BIN!

☆☆☆

Meditation und inneres Ritual für deine Selbstständigkeit

Selbstständigkeit (aus der sich dann tatsächlich berufliche Selbstständigkeit entwickeln kann) bedeutet, permanent in der Ganzheit unserer göttlichen Präsenz auf Erden zu sein, also ständig im SELBST, unabhängig von allen äußeren Umständen und von Selbstopfer.

Hier möchten wir mit euch ein schönes Ritual im Innen vollziehen, das gleichzeitig auch alte Strukturen lösen wird, wenn ihr das zulassen könnt.

Ich, Maria Magdalena, stehe im Ritual stellvertretend für die weiblich-göttliche Präsenz unserer Seele und für die allumfassende weiblich-göttliche Kraft und Liebe im Universum, die Kraft, die alles in die Form, Materie, bringt.

Ich stehe stellvertretend für die Schöpfungskraft.

Jesus Christus steht im Ritual stellvertretend für die männlich-göttliche Präsenz unserer Seele und für das allumfassende männlich-göttliche Bewusstsein auf Erden und den Willen Gottes, also unseren Seelenplan in uns. Er steht stellvertretend für das Schöpfungsbewusstsein.

☆☆

Begib dich bitte an deinen inneren Kraft- und Ruheplatz, den du dir am besten von deinem Inneren Kind zeigen lässt.

Dann bittest du mich, Maria Magdalena, und Jesus Christus zu dir und lässt Folgendes geschehen.

Ich halte segnend meine Arme ausgebreitet und spreche:

„Geliebte Tochter Gottes, geliebter Sohn Gottes, ich schließe dich hiermit aufgrund deines freien bewussten Willens an die große heilige Kraft der Mutter Gottes im Universum an.

Durch dich mögen von nun an die unendliche Kraft und Liebe Gottes in dir fließen, die sich als Form der Selbstliebe und des allumfassenden Mitgefühls für dich und alle Geschöpfe der Erde in dir ausdrücken dürfen. Dein Gefühl und dein Herz sind der Ausdruck und die Wahrnehmung dieser allumfassendes Liebe und dieses Mitgefühls Gottes in dir.

Die Liebe Gottes fühlst du.

Durch Schmerz, verursacht durch Fehlglaube und damit verbundene Erfahrungen, bist du vom Gefühl und damit von der Liebe Gottes abgetrennt worden. Lass nun den Schmerz gehen, der die Illusion der Trennung in dir aufrechterhält.

Durch Gedanken des Selbstopfers wirst du immer wieder in die Versuchung im Außen geführt und dadurch immer wieder von der Liebe Gottes in dir getrennt.

Erkenne jetzt, dass du, nur du, dich für die Liebe Gottes, die Liebe deines Selbst in dir entscheiden kannst.

Lass ab jetzt alle alten Glaubensmuster bewusst los, die dich denken und fühlen lassen, du wärest nicht unendlich geliebt. Lass alle Abhängigkeiten, Personen, Dinge oder Orte im Außen los, die dich denken ließen, du könntest von ihnen mehr geliebt werden oder mehr Liebe erhalten als von deiner Seele, Gott in dir, und der heiligen Mutter Gottes im Universum in dir.

Bleibe willentlich stets verbunden mit der höchsten Liebe Gottes in dir, auf dass du im Innen und Außen angefüllt seist mit der Liebe Gottes.

Fülle den Kelch, den Gral in deinem Herzen, mit diesem goldenen Licht und der roten liebenden Kraft der Liebe, so wird der Kelch im Außen nie leer sein.

Lass die alten Glaubensstrukturen des Patriarchats in dir los, die dich glauben ließen, dass du nicht unabhängig und frei der lebendige liebende Ausdruck Gottes auf Erden sein darfst.

Erlaube dir jetzt, das alte Kleid der alten Glaubensstrukturen des Patriarchats und des Selbstopfers auszuziehen.

Erlaube dir ab jetzt, dich zu sehen und zu fühlen, wie du in Wahrheit bist, und was deine Seele in Wahrheit in diesem Leben auf diesem Planeten Erde zum Ausdruck bringen möchte.

Fühle ab jetzt, was deine Seele, Gott in dir, hier auf der Erde durch deinen Körper und deinen Geist ausdrücken möchte.

Erlaube ab jetzt deinem Körper, dass er Stück für Stück die Liebe deiner Seele zum Ausdruck bringen darf.

Sei die lebendige und befreite Kraft und die Liebe Gottes auf Erden, lebe die Liebe und die Kraft deiner Seele. Jetzt! So sei es!
Im Namen der Mutter, des Vaters und des Kindes. Amen."

Nun ziehst du selbst in deinem Inneren, stellvertretend für das alte Kleid der alten Strukturen aus dem alten Gottes-Glauben, ein oder mehrere Kleidungsstücke aus. Dann ziehst du noch einmal stellvertretend für deine männlichen und weiblichen Ahnen deren Kleider der alten Strukturen aus und trittst schließlich freier und leichter vor Jesus Christus hin.

Jesus Christus breitet segnend seine Arme aus und spricht:

„Geliebtes Kind Gottes auf Erden, geheiligt werde deine Name, dein Reich Gottes in dir komme jetzt, der Wille Gottes in dir möge ab jetzt bewusst durch dich geschehen.

Du bist der lebendige, bewusste Ausdruck göttlichen Willens auf Erden.

Befreie dich nun bewusst von allem Fehlglauben, der Wille Gottes sei nicht in dir, sondern über dir, getrennt von dir, oder im Außen zu finden.

Der Wille Gottes, der Plan deiner Seele, kommt zu dir über deine innere göttliche Stimme, deine Intuition und inneres „Hell"wissen.

Lass nun willentlich alle Glaubenssätze los, dass irgendjemand in deinem Leben Verantwortung für dich trägt.

Lass nun den Glauben los, irgendetwas, das dir geschehen ist, in diesem oder einem vergangenem Leben, sei nicht durch dich selbst und deine Entscheidungen, die du getroffen hast, geschehen.

Lege nun ganz bewusst wieder alle Verantwortung für dich und deine Persönlichkeit in die Führung Gottes, deine innere Stimme in dir.

Lass nun alle Ängste los, die mit schmerzhaften Erfahrungen und Fehlglauben verbunden sind.

Es geschah und geschieht dir, was du glaubst und wie du fühlst.

Um das zu lernen und zu integrieren, bist du in vergangenen Leben hierher auf die Erde gekommen, und du bist auch jetzt wiedergekommen.

Nimm diese Entscheidungen, deinen Willen von damals, heute noch einmal in Liebe in dein Herz, als Erfahrung, die du integrieren wolltest.

Lass nun den Schmerz los, der dir durch den Willen Gottes im Außen zugeführt worden ist, weil du geglaubt hast, Gottes Wille wäre mit Mangel, Krankheit, Armut und Schmerz verbunden.

Den liebenden Willen Gottes kannst du in dir hören und wissen!

Lass dich von heute an führen durch den heiligen Geist und das grenzenlose weite Bewusstsein deiner Seele und all ihre Erfahrungen aus allen Inkarnationen und Daseinsformen aus allen Dimensionen des Universums.

Du bist ein Christ-All-Mensch!

Lass nun alle Christ-All-Strukturen und Frequenzen zu dir kommen, die dich zum bewussten liebenden Schöpfer im Universum machen.

Ich verbinde dich nun aufgrund deines freien bewussten Willens mit dem Christusgitternetz der Neuen Erde und den CHRIST-ALL-Strukturen deiner Seele, auf dass sich das grenzenlose Christ-All-Wissen in dir ausbreiten möge.

Möge der Ruf Gottes in dir ab jetzt unüberhörbar hell, rein und klar ertönen, auf dass du sicher geführt wirst und deinen Seelenplan für dieses Leben hier erfüllen kannst.

Bereichere die Erde mit deiner Berufung, mit dem Ruf Gottes in dir, zum Wohl für den gesamten Planeten Erde und all seine Geschöpfe.

Nutze den Willen und die Wahrheit Gottes als das wahre Schwert in dir, das die Unwahrheit von der Wahrheit unterscheiden kann und die Spreu vom Weizen trennt.

Damit du das Licht vom Dunkel unterscheiden kannst und dich erinnerst, dass du das Licht bist, das in die Dunkelheit ging, um hier zu erfahren, dass du in Wahrheit Licht bist.

Ich entlasse dich nun in die Selbstständigkeit deiner Seele und in das Reich Gottes in dir. Hilf dir selbst, indem du auf deine innere Führung wieder vertraust, so hilft dir Gott.

Du bist der zu Fleisch gewordene Geist Gottes auf Erden. Du bist göttlich, du bist ein Teil von Vater-Mutter-Gott im Universum.

Gott erfährt sich durch dich.

So sei es! So werde es! Der Wille und das Reich Gottes in dir werden geheiligt!
Ich grüße Gott in dir.
Amen.“

Nun nimmst du für dich und stellvertretend für deine Ahnen von Jesus Christus ein Symbol entgegen, das einzig und allein für dich bestimmt ist und eine besondere Bedeutung für deine Selbstständigkeit hat, die sich dir von selbst erschließen wird.

☆☆☆☆☆

Die Heilige Hochzeit mit dem geliebten DU

Die Frage, ob es eine „bessere Hälfte" hier für euch auf der Erde gibt, den „Seelenzwilling", den „Gegenpol", das „geliebte Du", brennt vielen, die auf der Suche sind, auf der Seele. Und ich kann das gut verstehen.

Instinktiv wisst ihr es, denn es steckt in euch allen, nicht wahr?

Adam und Eva im Paradies, entstanden aus EINEM, ein Fleisch, ein Geist, und dennoch ZWEI.

Es ist die Sehnsucht nach Einheit in euch.

Habt ihr diese Einheit erreicht, hat die Sehnsucht zwar ein Ende, aber dennoch seid ihr hier auf der Erde in der Dualität. Und so gibt es also einen anderen Pol, euren Gegenpol.

Ich wusste damals, als ich Jeshua das erste Mal sah, dass **er** es ist.

Ich wusste, alle Vorbereitung, alle Erfahrungen, alle Wege zu mir und zu meinem Selbst waren Vorbereitung auf das Zusammensein mit ihm.

Ich wusste, er war die Belohnung für die Arbeit an mir

SELBST, für meine Arbeit, vollkommen zu werden, damit wir beide vollkommen zusammenwachsen und auch hier auf der Erde EINS sein können.

Und so kam es auch.

Wir erkannten einander. Er erkannte SIE und IHN in mir, und ich erkannte IHN und SIE in ihm.

Unsere Ausbildung näherte sich der Vollkommenheit und, nachdem wir in unserem SELBST zuerst die Einheit erfahren hatten, wurde unsere komplette Seelenenergie in den Körper herabgeholt, und so konnte erst die Resonanz, die Schwingung, entstehen, die uns miteinander verband.

Manche von euch mögen ihr geliebtes DU schon recht früh gefunden haben, manchen steht noch ein bisschen Arbeit oder Erfahrungen bevor.

Es hängt davon ab, was eure Entwicklung und euer Plan für euch dieses Mal vorgesehen haben.

Vielleicht ist es auch in diesem Leben noch nicht vorgesehen, dass ihr euer geliebtes SEELEN-DU trefft.

Vielleicht seid ihr beide noch zu sehr in der Trennung, als dass es dieses Mal schon auf der Erde geschehen darf.

Habt einfach Vertrauen.

Und wenn es geschieht und ihr euch trefft, dann kommen vielleicht noch Ängste oder Widerstände hoch.

Ihr spiegelt euch noch gegenseitig Ängste und Widerstände, wirklich zurück in diese Einheit zu gehen, in der Einheit zu sein, hier als Mann und Frau auf der Erde.

Doch Ihr werdet auch wissen: Es ist richtig, es fühlt sich richtig an.

Dann steht wieder eine Entscheidung an, die eigentlich wieder nur eine Entscheidung eures Egos ist, ob es das SEELEN-DU schon zulassen kann oder nicht.

Ob es den Spiegel und die Herausforderung annehmen kann oder nicht.

Ob ihr euch beide weiter vervollkommnen möchtet, gemeinsam, oder nicht.

EINS sein, EINS werden.

In und mit dir.

Ohne dich bin ich nichts,
ohne mich bin ich nichts.

Ich suche und finde mich in dir,
Ich erkenne und erfreue mich an dir.

Ich preise dich als göttlichen Teil von mir,
ich verehre dich als den Spiegel von mir.

In dir erkenne ich mich täglich neu,
in dir sehe ich, was und wer ich bin.

Mit dir bekomme ich die Chance,
mich immer wieder völlig neu zu definieren
und mich immer wieder neu zu entdecken.

Deshalb lasse ich dich so, wie du bist,
damit du mein Spiegel sein kannst
und ich der deine.

Wenn es noch nicht so weit sein sollte, wird ein anderes DU kommen, das euch weiterschleifen wird, zum Diamanten, zum CHRIST-ALL, euch weiter vorbereiten wird auf ein erneutes Zusammentreffen mit eurem SEELEN-DU.

Was macht es schon aus, wenn es noch einmal tausend Jahre dauert?

Die Zeit ist eine Illusion, wie auch die Gedanken der Trennung.

Sobald ihr euren Körper verlassen habt, seid ihr ohnehin wieder in der Einheit zurück, und damit auch wieder in Einheit mit eurem SEELEN-DU.

Doch nehmen wir einmal an, ihr habt tatsächlich das Glück, IHR oder IHM nun in diesem Leben begegnet zu sein.

Ihr habt den freien Willen.
Was möchtet ihr?

Stellt euch ehrlich in eurem Inneren folgende Fragen:

Möchte ich gerne mit meinem Geliebten, mit meiner Geliebten, die Einheit leben?

Habe ich auch hier die Sehnsucht, unsere Göttlichkeiten im LEBEN und im ALLTAG zu vereinen?

Lass ich meinen Geliebten, meine Geliebte, bis ins Innerste meines Herzens, also meines SEINS, gelangen, da, wo ich vielleicht noch Erfahrungen von Schmerz und Trennung abgespeichert habe und wo noch keine Einheit ist?

Das ist nämlich die Angst vor Liebe und Einheit, und die gibt es wohl.

Ihr seid dabei, vollkommene Götter zu werden.

Doch so lange ihr nicht daran glaubt, vollkommene Götter zu sein, wird euch in euren Liebesverbindungen aus Liebe gespiegelt, was ihr noch in euch wieder in die Einheit bringen wollt!

Sicher versteht ihr, dass das nur schiefgehen kann, so lange ihr euch mit den Gedanken und den Glaubenssätzen der Trennung identifiziert.

Denn Verletzung gibt es nur, wenn ich Angst habe, Trennung von meinem(r) Geliebten gibt es nur, wenn ich an Trennung glaube.

Deshalb ist es so wichtig, dass ihr zuvor die Einheit in euch mit EUREM HÖCHSTEN SELBST, das nicht getrennt ist, erreicht habt.

Dann könnt ihr euch in Situationen, in denen ihr euch eure unerlösten Anteile eures SELBST gegenseitig spiegelt, immer mit der vereinten Göttlichkeit, eurer höchsten Vision eures SELBST, verbinden und daraus inneres Wissen, Wahrheit und Liebe herausschöpfen.

So seid ihr in einem ständigen Prozess der SELBTERKENNUNG durch die Spiegelung eures allernächsten geliebten Gegenübers, eurem DU.

Euch gegenseitig in euch und im anderen als EINS zu sehen, zu fühlen und zu erfahren, das ist dann die höchste Stufe der inneren Alchemie.

Nun werde ich euch bewusst machen, was das alles bedeuten kann, damit ihr diese Einheit in eurer heiligen Verbindung bewusst wahrnehmen und erfahren könnt.

Freut euch darauf, es ist die höchste Stufe zur bedingungslosen Liebe.

☆☆

Gott und Göttin

Geliebte(r),
deine Augen,
deine Seele,
unendliche Weite,
unendlicher Klang,
unendliche Sehnsucht
nach mir.

Ich weiß…

☆☆☆

Vereinigung von Gott und Göttin, eure heilige Liebe und Sexualität als Liebespaar

Hier seid ihr ganz Gott und Göttin.

Ihr werdet aber auch spielerisch erfahren, dass ihr die Polaritäten innerhalb eurer Verbindungen wechseln könnt.

Ihr könnt der gebende Teil sein oder der nehmende.
Ihr könnt der bewegende Teil sein oder der ruhende.
Ihr könnt der Himmel sein oder die Erde.
Ihr könnt euch alles beides gleichzeitig sein, so, wie ihr alles in EINEM gleichzeitig seid.

Erfahren könnt ihr das nur durch das Spiel der Polaritäten untereinander, das Spiel von Magnetismus, das Spiel des sich gegenseitigen Annehmens und Abstoßens.

Ein spannendes, aufregendes, phantasievolles und niemals langweiliges herrliches Spiel der Polaritäten in und um euch selbst.

☆☆

Move

Move
Tanze den Tanz deiner Seele.
Move
Sei die Lust und die Freude des Seins.
Move
Lass alles fließen, was durch dich hindurchwill.
Move
Sei der Traum des Universums.
Move
Spüre die Freude und die Glückseligkeit.
Move

Sei EINS mit allem
und

MOVE.

☆☆

Wenn ihr euch also entschieden habt, mit eurem geliebten DU diese Verbindung einzugehen und die heilige Liebe im Alltag zu leben, dann habt ihr eine wunderbare Herausforderung angenommen, nämlich das LEBEN selbst.

Ihr habt JA gesagt.

Ein bedingungsloses JA zu allem, was euch geschehen wird, alles, was ihr euch gegenseitig spiegelt, damit ihr weiter zu den Vollkommenen werdet, die ihr ja bereits seid.

Wunderbar!

Ihr seid also Gott und Göttin auf Erden, bekommt vielleicht Kinder, die Kinder Gottes, oder bringt gemeinsam wunderbare Dinge auf die Erde, Visionen, Ideen, Formen.

Es ist euer Spiel!
Das Spiel von Gott und Göttin, Bewusstsein und Liebe, das Spiel des Lebens, der Tanz von Shiva und Shakti.

Ihr feiert also dieses Leben mit Tanzen, Spielen, Schöpfen, Manifestieren, Genießen.

Dies tut ihr gemeinsam, so lange ihr das zusammen tun möchtet.

Da ihr beide GOTT seid, das DU und das ICH, habt ihr natürlich den freien Willen.

Das heißt, wenn es sich nicht mehr wahr anfühlt und ihr mit jemand anderem besser weiterwachsen und vollkommen werden könnt, dann ist es in Ordnung, sich ein weiteres passendes DU zu suchen, das euch in eurer Entwicklung weiter in die Einheit zurückbringt und damit weiter zu IHM oder IHR, eurem SEELEN-DU, eurem DU auf Seelenebene.

Als Zeichen dafür, dass ihr euch dafür entschieden habt, diese heilige Verbindung einzugehen, schlage ich euch vor, diese Verbindung, eure Heilige Hochzeit, mit einem Ritual zu feiern.

☆☆☆

Das Ritual der Heiligen Hochzeit

Das bewusste und liebevolle Annehmen durch Kommunikation und Liebe im Alltag

Das bewusste Annehmen ist eure gegenseitige Kommunikation und Spiegelung. Ihr öffnet euch eurem DU, in einem ständigen Dialog, um euch zu reflektieren, dies ist ein Akt höchster Liebe und Schöpfung.

Ihr könnt euch also zu Beginn eurer heiligen Verbindung ganz bewusst füreinander entscheiden.

Je nachdem, was ihr für Herausforderungen in eurem Leben habt, kann das ganz schön anstrengend werden.

Eure Liebe ist wie ein Schmelztiegel. Sie wird alles nach oben bringen, was nicht eurer Herzenswahrheit entspricht und gegen eure Einheit als Paar spricht.

Glaubt mir, jede Leiche in eurem inneren Keller wird in dieser heiligen Beziehung nach oben ins Bewusstsein gekehrt werden, denn es dient der Liebe, dass ihr alle zurück in die Einheit mit Gott in euch und mit Gott im Gegenüber zurückkommt.

Doch dies darf geschehen durch und mit eurem freien Willen. Es soll niemals eine Verpflichtung werden, die euch zuviel wird, ein Kampf zwischen euch.

So könnt ihr das Liebesverhältnis im Alltag auf unbestimmte Zeit mit sofortiger Kündigungsfrist für jeden von euch abschließen.

Der Wille des anderen ist ebenso heilig wie euer eigener.

Dafür könnt ihr diese wundervollen Worte benutzen und euch einen feierlichen Rahmen schaffen:

Sucht euch einen Ort, der für euch Sinnbild eures Paradieses ist, und wo es euch gut gefällt.

Wendet euch einander zu und nehmt euch bewusst wahr, als in sich abgeschlossene göttliche Wesen und Persönlichkeiten, ins Fleisch gegangene, göttliche Wesen mit unterschiedlichen Visionen und Plänen.

Macht euch mit Worten bewusst, was es mit dieser Verbindung auf sich hat. Warum ihr euch gegenseitig gefunden habt, was euch anzieht, was euch beide weiterbringt.

Was ist euer Plan, euer Herzenswunsch? Habt ihr dieselbe Vision?

Brennt ihr für dieselben Ideen?

Achtet und ehrt euch dann gegenseitig, zum Beispiel mit folgenden Worten:

Ich danke dir, dass du in mein Leben gekommen bist, um mein geliebtes DU zu SEIN.

Ich bin bereit, mich dir hinzugeben und dich als meinen Spiegel meines Selbst in mein Leben zu nehmen.

Ich achte in dir den Mann und die göttlich-männlichen Aspekte des Bewusstseins, der Zielgerichtetheit, der Wahrheit, der Führung, der Aufrichtung, der Härte und der Stärke.

Ich achte in dir die Frau und die göttlich weiblichen Aspekte der Liebe, des Gefühls, des bedingungslosen Annehmens und Aufnehmens und der Hingabe, der Schwäche, der Zartheit, der Sanftmut und der Weichheit.

Ich achte in dir die Weisheit, die aus der Einheit dieser beiden Göttlichkeiten aus dir herausstrahlt und deine Persönlichkeit erfasst.

Sei willkommen in meinem Leben und bereichere mich von nun an, so lange DU willst mit deiner Göttlichkeit und deiner Liebe.

Ich will dich achten und ehren, dich annehmen und erkennen, dich an meine Seite stellen als meinen göttlichen Gegenpol im Außen.

Du darfst der Herz-König, die Herz-Königin in meinem Leben sein.

So soll es sein, dafür danke ich.

Dieses kleine Ritual könnt ihr frei nach eurer Phantasie gestalten. Vielleicht möchtet ihr euch als Zeichen für diese Verbindung etwas schenken, einen Ring oder etwas anderes, das ihr mit eurem DU in Verbindung bringen möchtet, das bleibt eurem Empfinden und euch überlassen.

☆☆☆

Das liebevolle und bewusste Annehmen eurer Körperlichkeit durch heilige Sexualität (Hohes Tantra)

Deine Lust
wohnt noch in mir.

Dein Klang
tönt noch in mir.

Dein Licht leuchtet in mir.

Möge doch alles im Leben
so schöne Spuren hinterlassen
wie du.

Die heilige Sexualität ist eines eurer wichtigsten Geschenke an euch selbst.

Deshalb ist es auch sehr wichtig, dass ihr euch bewusst Zeit dafür nehmt und die Art und Weise, wie ihr euch lieben möchtet, immer aufs Neue definiert.

So, wie der Liebesakt eurer inneren Göttlichkeiten ein alchemistischer Prozess ist, der Schöpfung zugrunde liegt, so ist es natürlich auch, wenn ihr euch im Außen mit eurem geliebten DU körperlich liebt, wenn ihr das bewusst zulassen möchtet.

Es ist in der Horus-Alchemie die nächste Stufe zur Meisterschaft und zur Erleuchtung.

Viele streben dies an, ohne zunächst die Vereinigung in sich selbst erreicht zu haben. Dieses kann körperlich sehr befriedigend sein, wird aber nicht halb so viel Schöpfungspotenzial und Liebesbewusstsein freisetzen, als wenn ihr beide zuvor die inneren Prozesse in euch absolviert habt.

Doch denkt daran: Der Weg ist das Ziel, und ihr seid zusammen, du und dein geliebtes DU, um euch zu lieben und damit gegenseitig zu vervollkommnen und genau daran zu arbeiten.

Genießt es also als euren gemeinsamen Weg zu Gott in euch.

Es finden genau die gleichen Prozesse statt, nur dieses Mal tatsächlich nicht nur im Geist, sondern auf mehreren Ebenen gleichzeitig.

Es hat unendlich mehr Energie, als wenn es nur einer für sich tut.

So, wie mit jeder göttlichen Vereinigung in euch ein Akt der Schöpfung beginnt und Neues entstehen kann, so ist auch die Vereinigung im Außen ein Akt der Schöpfung, und es kann unendlich viel daraus entstehen, etwas, das ihr euch zum Beispiel vorher gemeinsam als Vision vorgestellt habt.

Das kann ein Kind sein, auf dass ihr selbst im Außen zu Vater-Mutter-Gott werdet, es können auch gemeinsame Ideen und Visionen sein, die euer Leben als Gott und Göttin und die Manifestation eures persönlichen Paradieses betreffen.

Das Geheimnis dieser Alchemie dient einem einzigen Zweck:

Gott und Göttin zu sein.

Bewusste und liebevolle Schöpfung.
Bewusste und liebevolle Manifestation.
Bewusste und liebevolle Materialisation.

So findet alles im Universum seine Wiederholung, wie im Kleinen, so im Großen.

☆☆

Danke für deine Liebe

Dein Geschenk der Freude
deine Fluten des Lichts,
die du hinterlassen hast
in mir.
Danke für Lust, Ekstase, Hingabe, Glückseligkeit
und Eintauchen in die Tiefe des Seins.

Danke für die Erfahrung von Leben
und Freude im Augenblick
Nichts ist beständiger als Freude und Licht,
abgespeichert in den Zellen
meines Körpers
als Manifestation des Gedankens, den ich hatte,
als ich dich das erste Mal wahrnahm
als DAS, was du bist, und DAS, was ich bin.

Danke.

☆☆

Lieben

Du willst wissen,
ob du lieben kannst?

Dein Herz weiß, wie es geht.
Dein Kopf meint zu wissen, wie es geht.
Die Stimme in dir
wird dir den Weg weisen,
wenn du es wirklich willst.

☆☆☆

Die Rolle der beiden Polaritäten aus Magnetismus und elektrischer Energie in euch

Der weibliche Teil in euch steht für Magnetismus, die Erde, den Körper, Liebesenergie und das Prinzip Materie im Allgemeinen.

Der männliche Teil in euch steht für elektrische Energie, den Himmel, den Geist und das Prinzip des Geistes und Bewusstsein im Allgemeinen.

Wenn ihr die Liebe Gottes, der Göttin, in Form von magnetischer Energie zu euch holt, verbindet ihr euch am besten mit dem Herzzentrum der Erde.

Von dort steigt die Kundalini-Energie, die Lebensenergie, schlangenförmig durch eure Chakren nach oben.

Ihr fühlt es als heiße, lavaartige Energie, die sich in euch vielleicht in den Farben Rot und Schwarz zeigt.

Sie steigt auf, und wenn sie in eurem Herzchakra angekommen ist, wird euer Herz ganz heiß.

Die Hitze in Form von Liebe/Energie verteilt sich dann mit jedem Herzschlag in eurem Körper und in allen Energiekörpern um euch herum.

So bekommt euer Körper täglich Energie und Kraft, Nahrung und Liebe.

Ihr seid mit der Göttin verbunden, die Göttin ist in und wirkt durch euch mit ihrer bedingungslosen Liebe. Für diese göttliche Nahrung braucht ihr nichts zu tun, ihr braucht es nur wieder annehmen und fließen lassen.

Lasst es fließen und liebt euch täglich neu auf diese Weise.

Das ist die Liebe eures Selbst, Gottes Liebe, Selbstliebe.

Wenn ihr im Liebesakt mit eurem geliebten Du im Außen seid, steht die Frau stellvertretend für das Prinzip des Magnetismus, der Erde, der Göttin und der Liebe als Allverbindendes.

Sie stellt also die Kraft und Energie zur Verfügung für den Akt der Schöpfung, das grenzenlose Bewusstsein, den Willen, den Rhythmus, die Führung und das Licht.

Wenn ihr das Licht und die elektrische Energie des Vaters vom Himmel, also aus den geistigen Ebenen des Lichts, zu euch herunterholt, dann konzentriert euch auf euer Kronenchakra.

Aus dem Universum fließen dann ohne euer Zutun das Licht und das Bewusstsein Gottes in euch ein.

Ihr könnt es auch als eine Lichtspirale in euch erkennen, vielleicht als blaues oder weißes Licht in euch.

Das Licht fließt in einem Lichtkanal durch die Krone in den Gral eures Herzchakras und in eure gesamten Chakren.

Das fühlt ihr dann als kribbelnde und prickelnde Energie, die sich von eurem Herzzentrum aus ausdehnt, in den Körper und alle Energiekörper hinein.

Das sind die Prozesse, die in euch selbst ablaufen. Durch gegenseitige Hingabe der Polaritäten in euch kann also die Heilige Hochzeit in euch stattfinden, und ihr kommt so an euer höchstes Schöpfungspotenzial.

Die Vereinigung von Liebe und Bewusstsein und der Ausgleich dieser Polaritäten setzt eure Göttlichkeit in vollem Umfang frei.

Im Akt der gegenseitigen körperlichen Liebe verhält es sich dann parallel.

Durch die Hingabe und die bedingungslose Liebe der Frau und ihr absolutes Vertrauen in die männliche Seite, also den Mann, nimmt sie in ihrer Hingabe das Männliche in sich auf, sie ist also dann der Heilige Gral für das Männliche, das Elektrische und das Schöpfungsbewusstsein.

Im Zustand höchster Hingabe und Öffnung an ihn öffnet sich das magnetische Tor in ihrem Unterleib, und damit fällt sie in einen schwarzen Strudel aus NICHTS. Das NICHTS enthält die größte Energie überhaupt.

Auf dem Höhepunkt dieser Hingabe gibt sich das NICHTS dem männlichen Prinzip, dem Bewusstsein, hin und beide verschmelzen miteinander.

Dies ist jedoch nur möglich, wenn das Bewusstsein bei beiden Partnern so weit entwickelt ist, dass es bereit ist, sich vollkommen der Liebe hinzugeben.

Das bedeutet, der Mann muss geistig und emotional in der Lage sein, sich ebenfalls ganz der Liebe und dem Fluss hinzugeben und der Frau dazu den äußeren Rahmen und Schutz dazu geben.

Die Frau muss bereit sein, alle Angst und Schutzprogramme fallenzulassen, um sich dem Mann ganz zu öffnen und hinzugeben.

Gegenseitige Hingabe, Anerkennung und ANNEHMEN sind also absolute Grundvoraussetzung, um das höchste Maß an Schöpfungskraft (Liebe und Bewusstsein) in diesen Akt zu legen.

Eine gigantische Supernova aus Energie und Bewusstsein entsteht durch die Verschmelzung der Polaritäten in und mit euch.

Das ist, wie ihr euch denken könnt, der höchste Akt von Schöpfung, den ihr als Mann und Frau in einem Körper hier auf der Erde bewirken und mit dem ihr eure Göttlichkeit feiern könnt.

Je besser euch das gelingt, in gegenseitiger Hingabe an Gott in euch, in gegenseitiger Hingabe an das DU, umso mehr werdet ihr bereichert werden in eurem Leben, in eurer Liebe zueinander. Ihr seid dann in eurem gemeinsamen Paradies auf Erden.

Eines fernen Tages wird sich das Kollektiv Mensch wieder auf diese Weise in die Einheit zurück begeben.

Dies ist der Aufstieg der Sophia in höhere Dimensionen aus Licht und Liebe, in andere Existenzen des SEINS.

☆☆☆☆☆

Sophia und das Christusbewusstsein

Über das Kollektiv Mensch, das Kollektiv Frau und Mann und die Heilige Sophia

Als Göttin Maria Magdalena bin ich stets mit der kompletten Weisheit des Kollektivs Mensch verbunden.

Durch einen Übersetzungsfehler konnte es damals geschehen, dass ich als Hure abgestempelt wurde. Ich hatte den Titel der Sophia, der heiligen griechischen Göttin der Weisheit.

Für die Römer waren alle griechischen Göttinnen Huren, so auch ich.

Nun mache ich euch vertraut mit der Sophia, der Weisheit eures Kollektivs!

(Die folgenden Texte sind Auszüge aus einem Seelenchanneling, das die Autorin für sich selbst und ihre Arbeit mit Menschen und Tieren empfangen hat.)

☆☆☆

Sophias Weg in die Materie

Sophia steigt hinab in euren Körper

Gesegnet bist du, diese Zeilen zu empfangen.

Wir sind Sophia, der Hauptaspekt deiner Seele, die sich in diesem Leben hier entfalten will und darf.

Wir lieben dich und achten deinen Weg, den du gewählt hast.
Wir sind kosmische Liebe und Weisheit.

Weisheit ist gefühltes Wissen, gelebte Erfahrung, integrierte/angenommene Erfahrung.

Wir sind mit dir gekommen, um zu helfen, das Kollektiv zu verändern.

Du hast zugestimmt, dabei zu helfen, das Kollektiv zu verändern, indem du das Kollektiv in dir heilst und dich als Spiegel des Kollektivs FRAU und MENSCH selbst zu heilen bereit bist.

In dir ist die Göttin neu erwacht und auf den Thron gestiegen, der ihr schon immer gehört hat.

Wir sind zurück und halten Einzug in euer Bewusstsein.

Wir sind zurück, um die Herzen zu verbinden und die Wahrheit des Universums in die Materie zu bringen.

Wir sind zurück, um mit der Liebe, dem allverbindenden Prinzip, die Einheit in euch zu aktivieren und sie mit der universellen Weisheit, die in ALLEM-WAS-IST stets und überall zum Ausdruck kommt, zu verbinden.

Die Weisheit ist der dritte Aspekt, die Summe aller eurer Erfahrungen, das I-Tüpfelchen, die Erkenntnis des Annehmens, die Quintessenz der Liebe.

Alles-was-ist ist stets Ausdruck von Liebe, Bewusstheit und Weisheit, egal, ob es in euren Augen danach aussieht oder nicht. Alles-was-ist kennt keine Wertung.

Die Weisheit, die Summe eurer Erfahrung aus allen Inkarnationen durch euch hindurchleuchten zu lassen, ist Sinn eurer Existenz.

Euer göttlicher Ursprung ist das Feld des Christusbewusstseins.

Die Ebenen des Christusbewusstseins sind kristalline Formen.

Eure Seelen sind Strahlen aus diesen kristallinen Formen, sie sind schon sehr alt und ihre Aspekte im ganzen Universum verteilt, um das Spiel der Schöpfung zu spielen.

Das Christusbewusstsein ist das Ergebnis von männlich-weiblicher Polarität im Gleichgewicht, verbunden mit dem Aspekt der Weisheit, die sich in allem ausdrückt.

Männliche Polarität: Bewusstsein
Weibliche Polarität: Liebe

Die Weisheit ist die Verbindung der Polaritäten, die Quintessenz aus der Verschmelzung der Polaritäten in euch.

Diese Energie ist die Voraussetzung für die Schöpfung. Nur wenn sie im Gleichgewicht ist, könnt ihr Schöpfung hervorbringen, die im Gleichgewicht und in der Harmonie des Kosmos schwingt.

Angst und die Mächte des Egos in euch bewirken die gefühlte Abwesenheit von Liebe.

Unbewusstsein bedeutet die Abwesenheit von göttlichem Bewusstsein in euch.

Bewusstsein und Liebe mit der daraus entstehenden gefühlten Weisheit/Erkenntnis ist die Einheit in euch.

Bewusstsein und Liebe sind die Verbindung von Himmel und Erde in euch, zur Einheit von Geist und Körper/Materie verschmolzen, EINS.

Das Ergebnis ist Weisheit und Erkenntnis, der Christus-Mensch, der komplett verbunden ist mit kosmischer Liebe, Bewusstheit und Wahrheit.

Das Ziel jeder Seele auf der Erde ist, über Entwicklung und Erfahrung die Meisterschaft über Angst, Unbewusstheit und alle Emotionen zu erreichen, um wahre Schöpfer zu werden, also der vollkommene göttliche Ausdruck Gottes auf Erden, ein Christus-Mensch, der die Weisheiten des Universums durch sich hindurchwirken und sein lässt.

☆☆☆

Die Botschaft Sophias an die männliche Seite in euch

Geliebte, die ihr seid, wir achten und ehren euch als die größte Kraft im Universum, den Ursprung des Willens, den Ursprung des Erwachens, die Energie der Transzendenz und des absoluten Bewusstseins.

Scharf ist euer Verstand,
scharf sind eure Augen, wie die des Adlers,
der durch die Lüfte schwingt.
Eurer Beobachtung entgeht nichts,
eure Stärke ist unübertroffen.

Eure Führung in Weisheit ist gefragt,
eure Stärke mit Liebe ist erwünscht,
euer Wille mit Durchsetzungskraft wird benötigt,
eure Zielstrebigkeit und Schnelligkeit bewundert.

Wir bitten euch in Liebe:
Hört auf, euch selbst zu verurteilen.
Hört auf zu kämpfen, es gibt nichts zu erkämpfen.
Hört auf zu verteidigen, es gibt keinen Angriff, es sei denn, ihr greift euch selbst an.

Die Zeit der Bestrafung ist vorbei. Ihr braucht keine Angst vor Verurteilung zu haben. Es gibt nur euer Bewusstsein und die Liebe und Weisheit im Kosmos.

Das ganze Universum wartet auf die Entscheidung, dass ihr euch bewusst zum Christus-Menschen entwickeln möchtet und eure Qualitäten mit denen der Liebe und der Weisheit zu vereinen.

Erkennt, dass jeder Teil in euch, der noch kämpft, einem Glaubenssatz unterliegt, dass ihr der Liebe und der Weisheit nicht würdig seid.

Doch das seid ihr.
Dieser Glaube erzeugt die Trennung.
Die Trennung von Gott in euch.
Die Trennung von Körper und Seele in der Materie, hier auf der Erde.
Die Trennung von Himmel und Erde.
Denn Gott ist Liebe und Bewusstheit.
Herz und Verstand.
Kelch und Klinge/Schwert in Vereinigung.

In der Vereinigung dieser Qualitäten, eurer Göttlichkeiten in euch, liegt der Tanz der Freude, Glückseligkeit, Ekstase im Sein.

Der ewige Tanz von Shiva und Shakti, Bewusstsein und Energie.

Lasst eure ICH BIN-Gegenwart erstrahlen, das helle, weiße, unsagbar starke Licht der Erkenntnis und der absoluten Transzendenz.

Begebt euch mit diesem Bewusstsein in die Liebe, auf dass Vater-Mutter-Gott in euch als Einheit in der Materie hier auf der Erde wirken kann.

Lasst euer Herz wieder frei aus der Zwangsjacke der Schuld und der Angst.

Steht zu euren Gefühlen und lasst eure Härte durch die Weichheit hindurchfallen, gebt euren Verstand in die Hände der Liebe.

Vereint den Verstand und euer glasklares Bewusstsein mit der Liebe und Weisheit in euch und ihr könnt wieder die Wahrheit Gottes in euch hören und fühlen.

Gott spricht in euch durch eure Gefühle, durch euer Herz.

Eure wahre Stärke ist die, euch der Weisheit und der Liebe hinzugeben. Der Wille Gottes in euch ist eure Wahrheit, euer Paradies.

Wir danken euch, dass ihr durch Schuld, Verurteilung, Schmerz, Kampf, Verzweiflung, Trennung gegangen seid, um wahre Erkenntnis und Weisheit zu erfahren.

Erkennt, dass ihr selbst gewählt habt, getrennt zu sein, um zu erkennen, was göttlich ist.

Um zu lernen, dass ihr göttlich seid.

Um die Regeln und Gesetze der Schöpfung, wie sie im ganzen Universum funktionieren, zu begreifen.

Durchschaut nun das Spiel und erkennt, dass ihr die Spieler dieses Spiels seid.

Ihr habt entschieden, Täter zu sein.
Ihr habt entschieden, Opfer zu sein.
Ihr habt entschieden, einmal Mann und einmal Frau zu sein, um beide Polaritäten außerhalb der göttlichen Einheit erfahren zu können.

Ihr habt gelernt, eure Fähigkeiten des Verstandes optimal auszuprägen, ihr habt gelernt, mit eurem Verstand die Zusammenhänge des Universums Stück für Stück zu ergründen, ja, das habt ihr.

Ihr habt nach Antworten gesucht, und ihr habt Antworten gefunden.

Die erste und die letzte Frage war die, wie es ist, göttlich zu sein, wie es ist, das Licht und die Liebe zu sein.

Ihr seid das Licht.
Ihr seid die Liebe.
Ihr seid Gott und Göttin, egal, ob Mann oder Frau.
Ihr habt die Polaritäten in euch als Einheit.
Es liegt an euch, beide Polaritäten als Einheit zu leben.

Lange Zeit habt ihr nun erfahren, was es für die Menschen und die Erde bedeutet hat, die Trennung zu leben.

Ihr habt erlebt, wie eine männliche Welt mit einem männlichen Gott sich die Erde untertan gemacht hat. Wie die Erde und die Tiere und auch die Menschen ausgebeutet, geschändet, misshandelt und unterdrückt wurden.

Dadurch meint ihr, ihr müsst euch weiter damit bestrafen, indem ihr diesen Zustand beibehaltet und die Liebe nicht annehmen dürft.

Doch dem ist nicht so.
Jederzeit könnt ihr euch für die Liebe entscheiden.
Es ist nie zu spät.

Denkt daran: Ihr seid das Bewusstsein, ihr seid der Wille, die Entscheidung liegt in euren Händen.

Gebt euch durch eine bewusste Entscheidung der Liebe in Form der Göttin, eurer weiblichen Polarität, in euch hin und geht in das Vertrauen, geliebt zu sein.

Die Göttin, die in euch wartet, wird euch mit offenen Armen empfangen. Sie wird euch vergeben und verzeihen, als Gottes weibliche Hälfte in euch.

Gottes Ursprung, der eure Seele ist, war nie geteilt oder getrennt.

Deshalb ist die Vergebung Gottes euch so sicher, wenn ihr sie annehmen möchtet. Wenn ihr euch willentlich dafür entscheidet.

Nun ist die Zeit gekommen, die Botschaften des Sohnes der Einheit, dem Mann, der beide Göttlichkeiten gleichberechtigt auf dem Thron in seinem Herzen als Einheit gelebt hat, neu zu verstehen und umzusetzen.

Wir bitten euch zum Wohle des gesamten Planeten und des Universums, nun zu dieser Zeit die Trennung zu durchschauen und eure alten Glaubenssätze, ihr wärt nicht gut genug, ihr wärt den Reichtums und die Fülle im Innen und im Außen nicht wert, neu zu überprüfen und sie willentlich aus eurem Leben zu entlassen.

Das Paradies wartet auf euch.
Es ist in eurem Herzen, war immer dort.

Es wartet darauf, dass ihr es betretet, es Stück für Stück zurückerobert, und mit diesem Paradies in eurem Herzen und in eurem Geist könnt ihr die Erde neu erschaffen.

In der Einheit von Herz und Verstand, mit allen integrierten Erfahrungen, die eure Seele aufbewahrt hat wie Schätze in einer Truhe, könnt ihr erschaffen, lieben, kreieren, alles neu machen zum Wohle aller.

Wahrlich, ihr habt euch zu wunderbaren, weisen Geschöpfen entwickelt.

Eure Seele ist angefüllt mit Erkenntnis und Weisheit. Aus dieser Weisheit könnt ihr schöpfen, diese Weisheit ist die Summe aller Erfahrungen, die ihr je gemacht habt.

Da es in Wahrheit keine Trennung gibt, gibt es auch kein Gut und kein Böse. Es gibt nur Erfahrung. Jede Erfahrung hat dazu beigetragen, dass ihr noch bewusster und noch weiser werdet.

Weisheit ist integrierte Erfahrung!

Deshalb habt ihr allen Grund, liebevoll und stolz miteinander umzugehen.

Und wie jeder Mann und jede Frau in sich die Einheit Gottes hat, so seid ihr Menschen in Wahrheit ebenfalls eins.

Eine Erfahrung.
Ein Feld.

Das Feld des Christusbewusstseins, der integrierten Erfahrung von Bewusstheit und Liebe.

Ist das nicht wunderbar?

Ihr habt euch in den vielen Inkarnationen hin zu eurer Meisterschaft entwickelt.

Durch all den Schmerz und das Leid seid ihr hindurchgegangen, um Erfahrungen zu machen und zu lernen.

Die Schöpfungsprozesse zu begreifen,
zu lernen, was typisch männlich ist,
zu lernen, was typisch weiblich ist.

So, wie damals schon einige diese Meisterschaft entwickelt hatten, so seid ihr heute die Meister.

Ihr habt ja keine Ahnung, wie viele Meister jetzt hier sind. Sie alle helfen euch, den Meister in euch selbst zu erkennen.

Sie alle sind hier, um die Erde und das Paradies neu zu erschaffen. Sie alle helfen mit, dass die Erde und die Menschen den riesigen Entwicklungssprung schaffen: den Aufstieg!

Dieser Aufstieg hat in euch begonnen, vor langer, langer Zeit.

Nun seid ihr als Meister und Meisterinnen hier auf der Erde, und ihr habt die Macht, mit eurer inneren Weisheit und Gottes Stimme in eurem Herzen die Neue Erde zu gestalten.

Das ist der Bewusstheitssprung, den ihr nun alle erlebt.

Viele Inkarnationen habt ihr ihn selbst vorbereitet. Erfahrung und Erkenntnisse um der Weisheit willen gesammelt.

Jetzt ist es so weit!
Jetzt könnt ihr diese Weisheit in euch abrufen.

Wir freuen uns auf eine Zeit der Einigung, der Vereinigung der Gegensätze.

Eine Zeit der Schöpfung im Sinne des göttlichen Plans, im Sinne des Paradieses, ist angebrochen, und viele andere Wesenheiten im ganzen Universum sind stolz auf euch und auf eure Meisterschaft.

Das Reich Gottes auf Erden ist angebrochen.

Jesus hat seine Saat gesät, und sie geht auf, Meister und Meisterinnen, seid willkommen im Universum, jetzt fängt das Spiel erst richtig an.

Wir warten in eurem Herzen auf euch.

Wir sind Sophia, das Feld der menschlichen Weisheit aus dem Christusbewusstsein.

(Am 30. Juli 2008 durch Sylvia Morawe)

Gott ist

Wahrheit und Liebe.

Deine Seele ist der Teil von Gott,
der immer bei dir ist
und dich unendlich liebt.

Hörst du auf deine Seele,
gehst du den Weg Gottes auf Erden.

Dadurch bringst du Gott auf die Erde,
als ein kostbarer Teil, einzigartig im Kosmos,
ein einzigartiger und vollkommener Teil
von ALLEM-WAS-IST,
von VATER-MUTTER-GOTT

Das bist DU
Christuskind.

☆☆☆

Christusbewusstsein anwenden

Annehmen, umwandeln, lieben und transformieren, weise sein, weise handeln

Jesus spricht:
„Allein dein Glaube hat dich geheilt"

Euer Lernprozess beinhaltet, dass ihr zuerst gegensätzliche Erfahrungen macht, zu denen unbewusstes Schöpfen auch mit Gedanken der Trennung und der Angst gehören.

Die Weisheit, die sich aus den Erfahrungen entwickelt, bildet die Grundlage für die Einheit in euch. Sie sorgt dafür, dass ihr erkennt: Alles, was euch widerfährt, wird von euch selbst hervorgerufen. So lernt ihr, selbstbewusste und selbstverantwortliche Schöpfer zu sein und damit zu erkennen, was und wer ihr seid.

☆☆☆

Gedanken und Glaubensmuster des Patriarchats

Alle Gedanken, die sich nicht gut anfühlen, entspringen einem übernommenen Gedankenmuster oder einer „Kollektiv-Autobahn". Eine Kollektiv-Autobahn ist ein großes Morphogenetisches Feld mit Gedanken und Mustern, die von vielen Menschen (noch) unterstützt werden. Nur weil diese Glaubensmuster noch im Morphogenetischen Feld sind, heißt das noch lange nicht, dass sie sinnvoll für eure weitere Entwicklung sind. Sie hatten vielleicht ihre Berechtigung in der Vergangenheit. Doch haben sie sich verselbstständigt und sind euch nun in vielen Dingen des Lebens hinderlich. Warum? Die letzten 4000 Jahre „herrschte" das Patriarchat auf Erden.

Das Patriarchat beinhaltet den Glauben an einen einzigen Gott, der männlich ist. Diese Gottesanschauung hat eine Reihe von Missverständnissen auf Erden bewirkt. Doch da alles genau richtig ist, wie es ist, damit gegensätzliche Erfahrungen integriert werden können, um Weisheit zu entfalten, möchten wir euch hier noch einmal auffordern, bewusst dankbar zu sein für genau die Erfahrungen, die das Patriarchat in euch und auf Erden bewirkt hat.

Erkennt nun bewusst, was ein Glaube an einen männlichen Gott bewirkt hat. Durch diesen Glauben wurde die Trennung zum Göttlichen in euch erst Realität.

Der Glaube an Trennung von Männlich und Weiblich in eurem Inneren und natürlich auch im Außen, im Spiegel eures täglichen Lebens, hat den Mangel auf allen Ebenen in die Materie gebracht. So konnte sich also ein regelrechtes Mangeldenken und ein Mangelglaube auf Erden entwickeln.

Diese alten Gedanken und Gefühle kommen nun durch den Prozess des Aufstiegs in die Einheit und in das Einheitsdenken in euer Bewusstsein, damit ihr sie loslassen, also vergeben könnt.

Sie rufen mittlerweile sogar schon negative Gefühle in euch hervor, weil euer Bewusstsein und euer inneres Wesen, also die Summe aller eurer Erfahrungen, eure göttliche Seele, inzwischen nicht mehr mit dieser alten Kollektiv-Autobahn übereinstimmt.

Wahrlich, die ganze Menschheit ist aus den Kinderschuhen und dem Laufstall herausgewachsen, um sich zu bewussten Göttern auf Erden zu entwickeln.

Es ist jetzt die Zeit des Ausgleichs in euch gekommen. Die gesamte Gesellschaft wird diesen Ausgleich im Innen nach und nach integrieren und dadurch die Neue Erde erschaffen.

Andere sagen, es sei der Aufstieg der Menschheit und der Erde in die Fünfte Dimension des Seins, die die Erkenntnis der Einheit beinhaltet und in die Materie, also auf Erden, umsetzt.

☆☆☆

Die Transformation des Glaubens

1. Bewusstes Erkennen

Ich bin frei und göttlich. Ich gestatte mir, von nun an bewusst zu erkennen, dass ich für alles selbst verantwortlich bin. Ich erkenne nun bewusst, welches Denken, Glauben und Fühlen in der Vergangenheit meine Realität heute verursacht hat. Ich nehme das Gesetz von Ursache und Wirkung (Karma) an als Schule meiner Entwicklung zum Kosmischen Menschen.

2. Bewusstes Annehmen und Vergeben

Ich fühle es so, es entsprach meiner bisherigen Erfahrung. Meine Erfahrung entsprang meinem bisherigen Glauben. Mein bisheriger Glaube hat eine entsprechende Realität geschaffen, die mir Schmerz, Angst und Mangel bereitet hat.

Ich nehme diese Erfahrung, auch wenn sie mit starken Emotionen des Schmerzes, der Wut und der Angst verbunden ist, in Liebe an und erkenne nun die unendlich wertvolle Weisheit, die ich daraus gewonnen habe.

Ich gebe alle gebundenen Gefühle in die Liebe und sehe zu, wie die festgehaltenen Gefühle zu den einzelnen Themen und Lernaufgaben im Licht meines göttlichen Bewusstseins und Annehmens und der unendlichen Liebe zu schmelzen beginnen und sich aus meinem Körper und Glaubenssystem herauslösen.

Dazu ist eine Anbindung an die Kraft, an die Liebe Gottes und an das grenzenlose Bewusstseins von Allem-was-ist im Universum sinnvoll. Verwende dazu auch die Meditationstechnik, die noch folgen wird.

3. Bewusstes Umwandeln

Durch Bewusstheit ersetze ich die bisherigen Muster, die einem Gedanken der Unbewusstheit entsprungen sind, durch Gedanken der Bewusstheit und meiner göttlichen Wahrheit.

Die Gedanken der Bewusstheit werden mit den Gefühlen der Liebe, die die Gedanken der Bewusstheit auslösen, energetisiert.

Göttlich sein bedeutet, die Weisheit, also die Summe eurer Erfahrungen, für eure Schöpfung einzusetzen und sie durch euch wirken zu lassen.

Erkenntnis ist erlebte, erfahrene Weisheit.

Die Einheit mit Gott zu erfahren bedeutet, eure Seele hinab in euer Bewusstsein zu holen und euch dem liebenden und bewussten Willen Gottes in euch hinzugeben, damit der Wille und die Liebe Gottes, euer Licht-Sein, durch euch hindurchscheinen und wirken können.

Es geschieht von SELBST.

Es geschieht durch den Vergebungsprozess und die Hingabe an Gott in euch.

Vergeben bedeutet loslassen. Liebevolles, bewusstes Annehmen und anschließendes Loslassen.

Hingabe bedeutet, dass ihr wieder in das Vertrauen Gottes in euch zurückkommt und euch in den Fluss der Liebe und der unendlichen Energie des Erneuerns und Wandels in und um euch herum fallenlassen könnt.

Die Wahrheit, die sich jetzt noch in meinem Leben befindet und meine Realität darstellt, war meine Wahrheit/mein Denken und Glauben in der Vergangenheit.

Ich sehe im Moment die Welt durch die Augen meiner Vergangenheit.

Ändert sich meine Wahrheit, mein Denken, mein Glauben und mein Handeln jetzt in der Gegenwart, ändert sich meine Erfahrung in der Zukunft. Ich sehe die Welt nach diesem Vergebungsprozess in mir mit neuen Augen.

Ich sehe nun die Welt, die mich glücklich macht und jauchzen lässt, ich sehe mein Paradies.

Ich sehe anschließend die Welt, die uns Menschen glücklich macht und die Erde kraftvoll und gesund werden lässt.

Ich sehe die Neue Erde, das Neue Jerusalem, die Fünfte Dimension, das Reich Gottes auf Erden.

Im Glauben liegt eure Macht.
Im Fühlen liegt eure Fähigkeit, zu manifestieren.

☆☆☆

Schmerz

Nimm den Schmerz in dein Herz,
nimm ihn an als deine Weisheit,
als deine Erfahrung,
dein Weg zurück zu Gott.
Lass ihn dann in Liebe wieder gehen,
damit sich die Erfahrung
in dir als göttliche Weisheit ausbreiten kann.

Danke dem Schmerz,
dass er dir gezeigt hat,
dass du die Wahl hast.

Danke dem Schmerz,
dass er dich zum Licht geführt hat.

Ohne den Schmerz
könntest du Licht und Liebe
gar nicht definieren.

Die Gefühle des „alten“ Kollektivs in dir umwandeln

Du bist umgeben von Gedanken und Mustern eines alten Kollektivs, das eine bestimmte Wahrheit (gebunden an eine Macht im Außen) um euch herum aufrechterhalten will.

Fühle, ob die Gedanken des Kollektivs mit deiner Freude und deinem Wohlbefinden übereinstimmen. Stimmen sie nicht mehr, hast du dein Bewusstsein verändert, und es gelten für dich andere Gedanken- und Glaubensstrukturen.

Finde heraus, welche Gedanken und Glaubenstrukturen dich freudig, glücklich und zufrieden machen. Integriere diese, indem du sie als deine neue künftige Wahrheit und Glauben in dir verankerst.

☆☆☆

Wie verankerst du deine neue Wahrheit in dir?

Du verankerst sie, indem du sie denkst und dabei beobachtest, wie du dich dabei fühlst.

Wenn du dich richtig gut und großartig fühlst, dann denke sie so oft wie möglich, bis du spürst, dass du sie als deine neue Wahrheit in dir verankerst hast.

Du merkst es daran, dass sich diese neue Wahrheit beginnt, in deinem Leben zu manifestieren.

Wenn du Schwierigkeiten hast, deine neue Wahrheit richtig anzunehmen, erinnere dich, dass du Gottes geliebtes Kind bist und dass Liebe und Bewusstheit dein natürlich Zustand sind, wenn du bereit bist, Liebe und Bewusstsein anzunehmen.

Wenn du Programme in dir hast, die der Selbstbestrafung gedient haben, hindern sie dich daran, Liebe und Bewusstsein in dir anzunehmen.

Erkenne, dass Selbstbestrafung nicht göttlichen Ursprungs ist, sondern dich von der Liebe und dem Bewusstsein trennen will.

Du selbst oder andere Umstände beziehungsweise altes Denken aus dem alten Kollektiv des Patriarchats haben dich dazu veranlasst, Selbstbestrafung (die Mangel und Trennung vom energetischen Fluss und damit von der Quelle, die wir Gott nennen beinhaltet) für dich anzunehmen, anstatt Liebe und Bewusstsein, und damit die Einheit mit Gott und deiner Seele.

Da du den freien Willen hast, gestatte dir nun als Gottes geliebtes Kind (egal, was du in der Vergangenheit getan hast) das Selbstbestrafungsprogramm und Gedanken mit Gefühlen der Unwürdigkeit abzulegen,

da dich diese weiterhin in Angst und in Unbewusstsein gefangen halten.

Nur so kannst du deine Zukunft mit der Wahrheit Gottes neu gestalten und ab sofort ein Leben in Licht und Liebe führen, was sich auf dein Sein auswirkt und damit auf dein Tun!

Wenn du in der Vergangenheit Dinge getan haben solltest, die nicht der Liebe und der Bewusstheit entsprachen, so geschah das in Momenten der Unbewusstheit und der Angst, und damit in der unbewussten Abwesenheit Sophias, der Weisheit deiner Seele, und Gottes in dir.

Meistens hast du nur aufgrund übernommener Glaubenssätze gedacht, du wärst die Liebe Gottes und die Bewusstheit nicht wert.

Irgendjemand hat dir eingeredet, dass du es nicht wert bist, und du hast es geglaubt.

Daraufhin hat sich deine Realität genauso entwickelt, und es ist ein Mangel entstanden.

Sobald du Gott in dir bewusst und willentlich annimmst und dich damit für Bewusstheit und Liebe entscheidest, schaffst du die neue Realität, die der Bewusstheit und Liebe angemessen ist.

Vergib dir selbst, dass das so lange gedauert hat, bis du Liebe, Bewusstheit und Weisheit als Gottes Anwesenheit in dir annehmen konntest.

Vergib dir, dass du unbewusst falsche Glaubenssätze zur Schaffung deiner Realität verwendet hast. Die Glaubenssätze hast du übernommen, als du selbst noch ein Kind warst und dich an deinen Eltern oder deiner Umgebung orientiert hast.

Oft hast du die Glaubenssätze übernommen, weil du gespürt hast, dass deine Umgebung nicht in Liebe und Bewusstheit sein will (das Feld der Angst hat dazu beigetragen), so hast du dich, um eins mit dem Kollektiv zu sein, willentlich für Selbstbestrafung und Mangel beziehungsweise Trennung vom Göttlichen entschieden, in dem vermeintlichen Glauben und Fühlen, damit in der Einheit zu sein.

Du hast unbewusst die Einheit mit dem emotionalen Feld des Kollektivs Mensch mit der Einheit mit deinem göttlichen Kern verwechselt, weil es dir nicht richtig vorgelebt wurde.

Letztendlich weißt du ja schließlich innerlich ganz genau, dass ihr alle EINS seid.

Deshalb hast du beschlossen, mit deiner Umgebung in Angst und Unbewusstheit zu bleiben, aus Angst, von dieser vermeintlichen Einheit getrennt zu werden.

Es mag für dich paradox sein, doch genau das Gegenteil wird geschehen:

Wenn du bereit bist, Gottes Liebe und Wahrheit, die dein innerstes Wesen ausmachten, anzunehmen, trennst du dich zwar vom emotionalen Kollektiv, doch nur von einem Kollektiv, das nicht göttlich sein will, weil es seinem Bewusstsein noch nicht entspricht und einem Selbstbestrafungsprogramm folgt, oder noch Erfahrungen der Trennung machen möchte, um die Weisheit zu erlangen, die es schon längst hat, wenn es sich damit verbindet.

Du aber hast dein Bewusstsein verändert, du wirst dir täglich deiner Selbst und der göttlichen Weisheit in dir immer mehr bewusst.

Du wirst dir täglich selbst immer mehr wert, wie der Name Selbstwertgefühl es perfekt ausdrückt.

Deshalb wirst du ALL-EIN in der Einheit sein, wenn du dich von einem alten Gedanken-Kollektiv bewusst trennst, das in seiner Entwicklung noch nicht so weit ist, dass es Gottes Liebe und Wahrheit annehmen kann und will.

Sobald du diese Trennung bewusst mit Hilfe deines freien Willens in dir vollzogen hast (ich erlaube mir, mich zu meinem Wohl und dem Wohl des Kollektivs Mensch weiterzuentwickeln und damit weiterzugehen, und erlaube allen anderen Mitmenschen das Gleiche), bildest du eine

Resonanz zu einem neuen Kollektiv, dem Kollektiv des CHRISTUS-Menschen.

Du ziehst aufgrund des Gesetzes der Resonanz die Christus-Menschen oder die, die sich in ihrer Bewusstwerdung zum Christus-Menschen hin entwickeln wollen, in dein Leben.

Du hast dann also deine wahre Seelenfamilie gefunden, indem du dich von dem trennst, was dir nicht mehr entspricht oder, besser gesagt, was dir noch nie entsprochen hat.

Da du den Zugang zu deiner Quelle der unerschöpflichen Liebe und Bewusstheit gefunden hast, siehst du auch deine Mitmenschen mit völlig anderen Augen. Du kannst sie lieben und annehmen, wie sie sind, und du kannst sie einfach da lassen, wo sie im Moment sein möchten.

Eigentlich geht es um **DEINE Entwicklung**, die Verantwortung dafür trägst du ganz allein.

Jeder ist GOTT, und deshalb ist es völlig in Ordnung, wenn du dir gestattest, diese Quelle von Liebe und Bewusstheit zu finden, zum Wohl für dich und die Welt.

Es geht zurzeit auf der Erde zuerst für jeden Menschen darum, die Einheit in jedem Einzelnen als wahr zu erkennen und umzusetzen. Das ist für viele, derzeit inkarnierte Seelen schwierig zu erkennen, weil sie aus anderen Ebenen inkarniert sind, in denen das EINSSEIN MIT DEM KOLLEKTIV bereits verwirklicht ist. Deshalb haben viele von euch auch solche Schwierigkeiten, sich vermeintlich vom Kollektiv und damit von den Gedanken der Mitmenschen zu trennen.

Ihr seht Gott im anderen, und eine Trennung von den Gedanken und Taten bedeutet für euch also auch eine Trennung von Gott.

Doch das alte Kollektiv des Patriarchats hat alte Glaubenssätze, die eurer Bewusstwerdung nicht mehr entsprechen. Es hält an alten Weltvorstellungen der Macht und Angst fest, die noch nie der göttlichen Harmonie entsprachen. Deshalb schließt euch mit eurem eigenen Willen ganz bewusst an das Christus-Kollektiv Christusbewusstsein, der Heimat eurer Seelen, an.

Genau das hat Jesus zu seinen Zeiten auf der Erde bereits gemeint, indem er sagte:

Gottes Reich ist mitten unter euch. Um es zu finden, müsst ihr euren Vater, eure Mutter, eure Familie verlassen und Gott suchen (Vereinigung mit Gott in euch).

Damit meinte er nichts anderes, als dass ihr euch von allem bewusst und willentlich trennen solltet, was euch von Gott trennt.

Es ist genau genommen also eher die Trennung von einer Weltanschauung, die vielleicht auch mit der Familie oder einem Umfeld in Verbindung gebracht wird.

Eine Trennung von diesen Glaubensstrukturen im Innen muss also keine Trennung von Menschen und dem Umfeld im Außen bedeuten. Im Gegenteil. Es wird die Einheit auch mit einem Umfeld, das noch anders denkt und fühlt wie ihr, noch weiter unterstützen. Ein tiefes Verständnis für alle Entwicklungen, eure eigenen und die eurer Mitmenschen, wird sich einfinden, und ihr könnt alles so lassen, wie es ist.

Denn so, wie es ist, ist es genau richtig.

Seid ihr im Innen frei und in der Liebe, seid ihr mit allen durch das Band der Liebe verbunden, also „mit Gott und der Welt".

Es kann aber auch wirkliche Trennungen im Außen bewirken, dieser Wandel in euch. Ihr werdet es wissen und fühlen.

Manchmal sind Trennungen auf dem Weg in die Einheit Voraussetzung für Einheit.

Eine Trennung hilft oft, sich und andere neu zu definieren.

Jesus wollte damit veranschaulichen, dass ihr den Frieden, die Liebe und den Reichtum, wonach ihr euch sehnt, in euch selbst findet und es nicht im Außen bei anderen Personen oder materiellen Dingen zu suchen braucht.

Nichts wird euch so sehr annehmen, lieben, führen, schützen, leiten und reich machen als Gott in euch.

In Erkenntnis und Hingabe um das Göttliche in euch wachst ihr zu liebenden und bewussten Schöpfern, die Einheit Gottes wirkt so durch euch.

Die Einheit in euch ist gleichbedeutend mit dem Finden und Leben des Paradieses.

Ihr seid dabei wahrlich unabhängig, frei und in Frieden.

Ihr erlebt diese Einheit von Liebe und Bewusstsein als Freude und Hingabe an das SEIN, je mehr ihr es zulassen könnt.

Der nächste Schritt oder parallel dazu seht ihr euch in einer Partnerschaft als Mann und Frau als gegensätzliche Pole: Himmel und Erde.

Jeder Mann birgt die Einheit von Himmel und Erde in sich, jede Frau birgt die Einheit von Himmel und Erde in sich.

Im Außen seid ihr aber in den Polaritäten getrennt, um euch hier zu vereinen – in Liebe und in Bewusstheit.

Die Einheit in der Liebes- und Lebensgemeinschaft, in der diese Polaritäten auch im Außen im täglichen Leben bewusst vereinigt werden, ist dann die Voraussetzung für die Neubildung eines Kollektivs Mensch, einer Gesellschaft, die den göttlichen Kern und das ICH BIN in ein WIR SIND erfolgreich umsetzen kann.

Die Kinder, die aus einer Gemeinschaft hervorgehen, die in sich selbst und in der Gemeinschaft ihre ICH BIN-Gegenwart leben, können die Manifestation von Liebe, Bewusstsein und Weisheit in die Materie bringen und dadas Paradies auf der Erde schaffen.

Erinnere dich: Du hilfst dir selbst und dem Kollektiv Mensch am besten, indem du deine ICH BIN-Gegenwart und deinen göttlichen inneren Kern, dein Wesen in dir als deine Wahrheit annimmst.

So erschaffst du dein Paradies in dir, das sich im Außen manifestieren wird. Damit machst du dich selbst glücklich (das ist das Wichtigste). Je mehr Menschen sich ihr Paradies schaffen, umso glücklicher wird das Kollektiv Mensch werden, und die Erde wird wieder gesund und frei.

Feiere den Tag dieser Erkenntnis, die dich frei von Schuld macht.

Erlaube dir, dein Paradies zu manifestieren, und hilf ebenso anderen dabei, den göttlichen Willen ihres Selbst zu hören, zu finden und ihr Paradies zu manifestieren.

Du bist Gottes geliebtes Kind, und sobald du dich dafür entscheidest, wird sich dein Leben verändern.

☆☆☆

Der Glaube

Klopfet an, und euch wird aufgetan.
Bittet, und es wird euch gegeben werden.
Glaube an GOTT in DIR und beende dadurch
den Zustand von Mangel, Angst und Zweifel.

Tue es einfach, es funktioniert.

Millionen vor dir haben es getan,
du kannst sie fragen
in der Stille deines Herzens.
Die Zeit wird kommen,
da wirst du deine Reise beenden wollen,
früher oder später
ist jeder Mensch an diesem Punkt.

Du hast es einfach satt,
NICHT GÖTTLICH ZU SEIN.
Ist es schon so weit bei DIR?

Die praktische Meisterschaft über Gedanken und Gefühle bestimmt deine Realität

Achte auf das Gefühl. Erkenne, dass hinter jedem schlechten Gefühl eine alte Wahrheit/ein Glaubenssatz steht, der dir und deinem Bewusstsein nicht mehr entspricht.

„Ich darf das nicht, ich kann das nicht, das ist gefährlich."

Du weißt also spätestens, wenn du dich schlecht fühlst, dass du Gedanken gehabt hast, die deinem jetzigen Bewusstseinsstand nicht mehr entsprechen, oder dass du auf Gedanken deiner Mitmenschen, die du bewusst oder unbewusst aufgenommen hast, mit Gefühlen reagierst.

Jedes zur Realität gewordene Problem hat die Ursache in falschem Denken und Fühlen, also in Unbewusstheit und nicht vergebenen (losgelassenen) Gefühlen niederer Energie.

Du weißt, dass es so ist.

Du weißt, dass das negative Gefühl aufgrund falschen Denkens oder einer schmerzhaften Erfahrung, die das Ergebnis falschen Denkens war, entstanden ist.

Erlaube dir, über dein Inneres Kind und dein Unterbewusstsein an das Ursprungsgefühl und eventuell sogar an die Ursprungsgedanken des alten Musters zu kommen.

Fühle noch einmal bewusst die alten Gefühle in dir. Dann vergib dir, dass es so weit gekommen ist.

„Ich vergebe mir selbst, dass ich mir mit dieser Erfahrung so viel Schmerz und Leid angezogen habe, und weiß, dass von meiner höchsten Wahrheit aus gesehen, es wichtig für meine weitere Entwicklung war. Ich erkenne an, dass ich auf diese Weise genau das lernen durfte."

Nimm die Erfahrung bewusst in Liebe an und bedanke dich dafür.

„Ich verstehe jetzt, dass ich diese Erfahrung machen wollte, um etwas Wichtiges daraus zu lernen, und bedanke mich bei allen beteiligten Menschen und der Situation noch einmal dafür, dass ich daraus lernen durfte. Die Weisheit aus dieser vergangenen Situation behalte ich als Erkenntnis und als daraus gewonnenen Schatz für immer in meinem Inneren."

Das gilt ebenso für dieses Leben, wie für vergangene Inkarnationen. Viele Erfahrungen sind karmabedingt und haben ihre Ursachen in Vorinkarnationen. Indem ihr das in Liebe annehmt, was ihr von euch abgetrennt habt durch Selbstverurteilung, wird es wieder in die Einheit zurückgeführt.

So ist also die Transformation des Karmas ebenfalls ein Akt des Loslassens/Vergebens, indem wir den Schmerz oder die gebundene Emotion dazu ins Herz zurückführen und als Erfahrung/Weisheit integrieren und annehmen.

Übergib die alten Gedankenformen und Mangelgefühle und den Schmerz nun der Einheit aus Bewusstsein und Liebe in deinem Herzen, wie in der Vergebungsmeditation unten beschrieben.

Ersetze die alten Gefühle dann durch frei fließende, göttliche Liebe und göttliches Bewusstsein in Form von gefühlten Farben, Liebe und Licht.

Erkenne, welche Möglichkeiten nun bestehen und wie die innere Wahrheit, auf die du durch die Situation hingewiesen wurdest, sich nun in dir ausbreitet.

Beginne, eine neue Wahrheit, die der Bewusstheit und der Liebe Gottes in dir entspringt, festzusetzen.

Setze einen neuen Gedanken der Wahrheit, die Realität werden soll, lass dir von deinem Höheren Selbst neue Worte der Wahrheit ins Bewusstsein kommen.

Du hebst mit deinem göttlichen Bewusstsein und deiner göttlichen Liebe Stück für Stück deine Frequenz mit den Worten der Wahrheit an, die dir dein Höheres Selbst dazu gegeben hat.

Fühle, wie es sich anfühlt, wenn die neue Wahrheit sich in dir ausbreitet und beginnt, sich im Außen zu manifestieren. Stell dir vor, wie sie sich manifestiert. Lass dir Visionen und Bilder dazu geben.

Fühle, wie du dich fühlst, wenn sich deine neue Wahrheit und dein neuer Glaubenssatz manifestiert haben, und wie sich das Ergebnis anfühlt.

Wie wird es sein, wenn du nun vollständig neu reagieren und agieren kannst? Wenn sich alles auf göttliche Weise neu fügt?

Du siehst und fühlst das ursächliche Problem als gelöst, den Körper heil und die Situation gemeistert. Damit bringst du es in die Einheit und schöpfst mit Bewusstsein und Liebe, mit Verstand und Herz dein Paradies oder das Heil, um das du zuvor gebeten hattest.

☆☆☆

Arbeit mit den Worten der Wahrheit *oder* Themenbezogene Vergebung von alten Glaubenssätzen

Du möchtest nun vielleicht ganz bestimmte Glaubenssätze zu bestimmten Themen transformieren, zum Beispiel:

Wie manifestiere ich Fülle, wie komme ich in meine Lebensberufung, wie kommt der richtige Partner in mein Leben?

Überdenke dazu deine alten Glaubenssätze und fühle genau hin.

Lass dich von deinem Inneren Kind an alte Erlebnisse oder alte Glaubenssätze führen und bitte dein Höheres Selbst, dir den Himmel in dir ins Bewusstsein zu bringen:

Welcher alte Glaubenssatz hindert mich daran, das Gewünschte zu manifestieren?

Lass dir wieder neue Worte der Wahrheit zum Thema geben.

Oft wirst du zunächst beim Denken, Sprechen oder Singen deiner Sätze der Wahrheit große Widerstände spüren. Nimm die Widerstände an und erlaube dir zu erkennen, welches alte Glaubensmuster und welche damit verbundenen Gefühle deinen Geist, deinen Emotionalkörper und deinen physischen Körper dazu verlassen möchten.

Fühle die Wut, die Traurigkeit, die Verzweiflung, öffne dich, lass es in dein Bewusstsein kommen, und dann lass es gehen, in der Gewissheit, dass es die Vergangenheit war.

Gehe wieder in dein Herz und visualisiere Bewusstsein und Liebe in dir, um Altes zu vergeben und Neues zu integrieren.

Diese Technik der Vergebung und Transformation alter Glaubenssätze setze auch bei Heilungen oder Therapiegesprächen mit anderen Menschen ein. Vermittle sie, wo immer du kannst.

Setze deine Macht ein, den Menschen zu zeigen, dass es nun in Ordnung ist, sich seine göttliche Wahrheit und damit sein Paradies zu manifestieren!

Ermächtige dich selbst, hilf anderen, sich zu ermächtigen!

Hilf mit, dass alle Menschen erkennen, was es bedeutet, zu sagen:

Hilf dir selbst, so hilft dir Gott!

Das neue Jerusalem: Der Davidstern, das Hexagramm, das Siegel von König Salomo und das Reich Gottes in euch

Ihr Lieben, dieses heilige geometrische Zeichen wurde in allen Religionen verwendet, um die Einheit von Bewusstsein (Dreieck nach oben, männliche Polarität) und Liebe/Energie (Dreieck nach unten) zu versinnbildlichen.

Das Hexagramm, das Siegel von König Salomo aus dem Hause David, erinnert euch an diese Einheit, an das Reich Gottes in euch.

Auch heute noch ist das heilige geometrische Hexagramm als Zeichen für das vereinte Jerusalem auf der Flagge Israels zu finden.

Wir sind nun in einem Zeitalter angelangt zu erkennen, dass mit dieser Einheit nicht nur die Einheit im Außen in einem bestimmten Land gemeint ist, sondern sich die Einheit in jedem vollzieht. Es ist die Einheit von Himmel und Erde, Männlich und Weiblich, Yang und Yin, Oben und Unten, Innen und Außen, die Weisheit, dass alles EINS ist.

Das Zeichen wurde mehrfach missbraucht und das Symbol absichtlich beschmutzt, durch die Verunglimpfung und Verurteilung, die im Dritten Reich mit den Kindern Israels in Deutschland geschehen ist.

Dieses Zeichen aus der heiligen universellen Geometrie, der Weisheit des Kosmos, gehört der gesamten Menschheit und kann von der gesamten Menschheit in Meditationen zur Verbindung mit dem Höheren Selbst und zum Schöpfen verwendet werden.

Das Wissen um die Einheit in diesem Zeichen wurde vertuscht, die wahre Bedeutung um das Dreieck nach unten, die weibliche Polarität und Göttin aus den Lehren des Westens, gestrichen. In den Lehren des Ostens ist diese Weisheit erhalten geblieben. Die Dynamik, die sich nach der Verschmelzung in eurem Energiesystem bemerkbar macht, ist der Schlüssel zur ganzheitlichen Schöpfung.

Das Hexagramm in Bewegung ergibt in heiliger Geometrie die Blume des Lebens.

Die Weisheit über die Einheit in Allem-was-ist steckt im Davidstern und steht für alle zur Verfügung, nutzt das Symbol des Hexagramms, um das Unbewusste bewusst zu machen, denn auch dafür steht dieses heilige Zeichen – und für das Reich Gottes, das neue Jerusalem in euch.

☆☆☆

Meditation für Vergebung und Transformation mit dem Christusbewusstsein in dir

Begib dich mit deinem Inneren Kind an einen Ort, der energetisch für dich voll mit Licht, Klarheit, Liebe und Kraft aufgeladen ist. Dein innerer heiliger Platz.

Entspanne dich und gib dich der Einheit dieses Ortes hin.

An diesem Ort ist bereits alles in Harmonie. Hier fühlst du bereits den Frieden und die Freude, so, wie es ist, wenn du alles bewältigt hast und sich alles „von selbst“ gewandelt hat.

Fühle die Leichtigkeit.

Fühle es, die oder der zu sein, die/der du in Wahrheit bist.

Du bist frei.

Du bist völlig ungebunden. Nichts hält dich fest oder begrenzt dich.

Nun begib dich geistig in deinem Inneren in die Einheit mit deinem Selbst, die Einheit, der Kreis im Hexagramm, im Davidstern.

Du bist der Punkt in der Mitte, der ganz aus Gold ist.

Visualisiere den goldenen Punkt in der Mitte.

Die Einheit von Männlich und Weiblich, Bewusstsein und Liebe, Himmel und Erde, Oben und Unten, Innen und Außen, Vergangenheit, Gegenwart und Zukunft.

Fühle die Zeitlosigkeit und Grenzenlosigkeit.

Bitte dein ICH BIN, deine Einheit in dir, sich fühlbar in dir auszudehnen.

Du bist dieser goldene Punkt in der Mitte, und du beginnst dich auszudehnen.

Der Punkt wird zum Kreis.

Der goldene Kreis wächst, bis er über die beiden ineinander geschobenen Dreiecke hinauswächst zu einer Vollkommenheit, zu einem großen Kreis.

Dieser goldene Kreis pulsiert.

Du bist Bewusstsein und Liebe in einem und lässt zu, dass sich diese Einheit weiter ausdehnt.

Während der goldene Kreis pulsiert, geschehen Transformationsprozesse in deinem Denken und Fühlen.

Die Einheit aus Denken und Fühlen wandelt sich um in Bewusstsein und Liebe.

Das, was dir seither gedanklich und im Gefühl so große Probleme bereitet hat, beginnt sich in Erkenntnis umzuwandeln.

Die Erkenntnis, die jetzt auf einmal in dein Bewusstsein kommt, ist die Lösung. Sie zeigt sich Schritt für Schritt, und mit dieser Lösung, mit dieser Erkenntnis, mit diesem Wissen breitet sich große Freude und Erleichterung in dir aus.

Mit dieser Freude und Erleichterung kommt eine große Klarheit.

Die Lösung war schon da.
Jetzt siehst du sie.
Jetzt fühlst du sie.

Du lässt zu, wie sich diese Lösung, die Vision, in dir ausbreitet und zum Selbstläufer wird. Du siehst zu, was für weitere Lösungen sich aus dieser Lösung heraus entwickeln.

Du entdeckst Stück für Stück, dass alles, worauf du wartest, in dir und in diesem Kreis schon vorhanden ist und es nun in dein Bewusstsein kommen darf.

Der Kreis pulsiert weiter, und du nutzt die Gelegenheit,

in dieser Einheit bewusst zu schöpfen, erlaubst dir, Bilder und Gefühle zu bekommen, die deinem höchsten Wohl, deinem Selbst hier auf der Erde entsprechen.

Das bist du und deine Vision.

Widerstände beginnen, sich spürbar in deinem Herzraum bemerkbar zu machen, du nimmst es einfach wahr, nimmst sie zur Kenntnis und überlässt es der Einheit in dir, sie zu transformieren. Vertrauensvoll wartest du auf die Erkenntnis und die Gefühle, die sich nach dieser Transformation in dir ausbreiten.

Du genießt noch eine Weile dieses herrliche Gefühl des „Gewahrseins“ und gibst alles ab, die Verantwortung für alles gibst du ab in die Einheit mit deinem Selbst.

Angefüllt mit neuen Ideen und tiefem Verständnis für dich und deine Entwicklung kommst du wieder ins Hier und Jetzt zurück.

Vielleicht möchtest du diese Meditation auch mit der ICH BIN-Übung verbinden und sie daran anschließen.

☆☆☆

Wahrheiten deiner Seele

Wahrheiten deiner Seele, die eine neue Realität und Gefühle der Liebe schaffen, wenn du sie denkst und sie dir bewusst machst

Ich bin ein Christus-Mensch

☆☆

Ich gebe mich der Einheit von Körper und Seele in mir hin, lass mich von der Vereinigung mit meinem höheren, göttlichen Selbst durchleuchten, spüre bewusst diese liebevolle Vereinigung von meinem Körper mit meiner Seele.

☆☆

Ich bin die Einheit, aus der ich gekommen bin.

☆☆

Ich bin göttlich, das geliebte Kind von Vater-Mutter-Gott.

☆☆

Ich erinnere mich jetzt, ich bin zu Fleisch gewordenes, göttliches Bewusstsein und göttliche Liebe.

Ich bin ein bewusstes, liebevolles, geistiges Wesen,
inkarniert hier in einem Körper, um eine
körperlich-irdische Erfahrung zu machen.

☆☆

Ich bin gekommen, um glücklich, frei und bewusst
mein Leben zu kreieren.

☆☆

Ich bringe mein göttliches, bewusstes, liebevolles SEIN
hier auf die Erde und manifestiere so mein Paradies.
Damit arbeite ich mit an der Manifestation
des Paradieses Erde. So sei es!

☆☆

Ich bin vollkommen und heil.
Mein Körper ist vollkommen und heil.
Mein Denken ist vollkommen und heil.
Mein Tun ist vollkommen und heil.
Alles ist genau richtig so, wie es jetzt ist.
Was mir nicht mehr entspricht, fühle ich,
wird mir bewusst, wandle ich um.

☆☆

Ich bin Licht und Liebe, Wahrheit und Bewusstheit.

Ich bin die Wahrheit, das Licht und das Leben.

☆☆

Ich bin mein idealer Ausdruck
und meine ideale Absicht auf Erden.
Ich bin Gottes Einheit des Lichts auf Erden.

☆☆

Meine ICH BIN-Natur, meine Seele,
hat Zugang zu allen Bereichen meines Lebens.
Ich gebe mich meinem Ich BIN hin,
und damit in Gottes liebende Hände.

☆☆

Ich bin die Auferstehung/der Aufstieg, der Weg,
die Wahrheit und das Leben.

☆☆

Gottes Bewusstsein und Gottes Liebe sind in mir,
wirken durch mich hindurch,
machen mich zu meinem ICH BIN,
lassen mich strahlen,
lassen mich SEIN,
lassen mich TUN,
lassen mich zu Gottes Werkzeug werden.

Bilde so genannte „Worte der Wahrheit" oder „Realitäts-Worte"

Mit diesen Sätzen sprichst und denkst du die Wahrheit. Fühle dann genau hin, ob du das in dir schon voll Freude und Liebe annehmen kannst.

Wenn du nichts fühlst oder merkst, dass du diese Worte nicht für dich bedingungslos annehmen kannst, dann denke und sprich sie so lange, bis alle alten Gefühle beginnen, in dir hochzukommen, die noch mit Fehldenken verbunden sind und dagegen sprechen, dass sich diese Wahrheit künftig manifestieren kann.

Fühle, wo die Emotion, der Schmerz, die Resignation, die Verzweiflung usw. sitzen.

Du weißt, es sind Gefühle, die mit dem Fehlglauben in Verbindung stehen.

Lass sie hochkommen, nimm sie noch einmal als Bestandteil deiner alten Wahrheit wahr und lass sie dann gehen. Verwende dazu die Vergebungsmeditation.

So kannst du über das Bewusstwerden und das Annehmen der alten Widersprüche und Emotionen mit diesen Worten in dir die göttliche Wahrheit und Liebe wieder herstellen.

Wenn du die Worte der Wahrheit in dir als bedingungsloses Lied der Freude annehmen kannst, dann bist du frei von Fehlglauben, dann hast du diese Worte und die Wahrheiten schon in dir integriert, und sie werden dich beim Schöpfen deines Paradieses unterstützen.

Hier einige Beispiele, die du jederzeit von deinem Höheren Selbst ergänzen lassen kannst.

Lass dir deine Knackpunkte eingeben, bitte in der Meditation und in der Stille darum, welche „Worte der Wahrheit“ für dich jetzt am wichtigsten sind.

Bewährte Beispiele

- Gott in mir macht mich reich im Innen und im Außen.
- Gott in mir erfüllt mir meine Wünsche.
- Gott in mir macht meine Visionen wahr.
- DAS GEHT JETZT.
- Gott in mir führt zusammen, was zusammen gehört.
- Gott in mir führt mich zu jederzeit und spricht mit mir.
- Ich bin jetzt und alle Zeit mit Gott als Einheit von Körper, Seele und Geist verbunden.

- Gottes Wille in mir führt mich zur Wahrheit und zu dem hin, was gut für mich ist.

- Gott in mir ist bedingungslose Liebe, klares Bewusstsein und universelle Wahrheit.

- Alles geschieht für mich zu meinem Besten und zum Besten meiner weiteren Entwicklung.

- Ich bin jetzt bereit, Gottes Liebe und Wahrheit in mir zu fühlen, zu hören, zu erkennen.

- Ich bin jetzt bereit, die Verschmelzung mit meinem Christus-Selbst/mit meiner ICH BIN Überseele in mir anzunehmen, zu fühlen, zu erleben.

- Ich bin jetzt bereit, mich bewusst mit Gott in mir und damit mit meinem höchsten Selbst, meinem innersten göttlichen Wesen zu vereinigen.
  Ich gebe mich dieser Vereinigung jetzt hin.
  Ich gebe mich Gott in mir jetzt hin

- Ich bin jetzt bereit, Gottes Liebe und Gottes Geschenke im Innen wie im Außen voller Dankbarkeit und Freude anzunehmen. Ich bin Gottes Liebe wert, bin Gottes geliebtes Kind.

- Ich bin es meinem Höheren Selbst, und damit mir selbst wert.

- Gottes Wahrheit in mir ist mein Königreich, mein Paradies, mein Himmel, mein Zuhause, mein EIN und ALLES.

- Ich bin jetzt bereit, mein Paradies in Empfang zu nehmen.

- Ich bin jetzt bereit, Liebe und Reichtum in jeder Hinsicht anzunehmen.

- Ich bin jetzt bereit, mit meinen persönlichen Gaben und Talenten, die ich von Gott erhalte, die Welt zu bereichern. Dafür bereichert die Welt mich.

- Ich bin jetzt bereit, die Vergangenheit in Liebe loszulassen. Was bedeutet: Ich bin jetzt bereit, zu vergeben.

- Ich vergebe jetzt.

- Ich bin jetzt bereit, meine göttliche Macht, mein ICH BIN, anzunehmen.

☆☆☆☆☆

Das ICH BIN – Ende aller Sehnsüchte

Mit Sätzen wie „Ich bin, die/der ich bin“ und „Alles ist gut so, wie es ist“, kann gut ausgedrückt werden, wie es sich anfühlt, wenn man diese Stufe in sich erreicht hat.

Viele fühlen sich davon unter Druck gesetzt.
Lasst das los!

Erkennt, dass es euer Spiel ist, das gerade läuft, das heißt, IHR habt es ausgesucht, euer ICH BIN ist der Regisseur.

Dieses Erkennen macht erst einmal viele wütend.
Wie konnte das passieren, dass ich mir das alles angetan und auch noch selbst ausgesucht habe?

Es konnte passieren, dass du das alles erfahren wolltest, um wahrhaft Weisheit und Liebe sein zu können.

Wie erreiche ich diesen Zustand, das Wissen und Fühlen von ICH BIN?

Es ist der Weg, komplett nach innen zu gehen.

Das Außen ist ein Spiegel.

Jeder Mensch, jede Situation, die euch begegnet, ist eine Reflektion eures höchsten Selbst.

Es gibt euch permanent Hinweise, was ihr noch erkennen wollt, welche Erfahrung ihr noch integrieren möchtet.

Es gibt unendlich viele Heimkehren.

Denkt nicht, dass ihr es auf einmal erreichen könnt.
Das ist nicht Sinn des Spiels.

Sinn des Spiels ist das bewusste Erkennen und das bewusste Spielen.

Der Weg ist das Ziel und das Spiel.

Deshalb genießt es.

Seid dankbar für jedes Spielchen im Außen, auch wenn es sich schmerzhaft anfühlt, denn es zeigt euch einen Teil, der gesehen werden möchte, der integriert werden möchte.

Je dankbarer ihr jede Situation als Hinweis eures ICH BIN für euch annehmt, umso schneller kommt ihr in den Zustand der Glückseligkeit und des bedingungslosen Annehmens von allem, was derzeit in eurem Leben ist.

Ups! Schon wieder eine Teilerleuchtung!

Und so fügt sich alles zusammen wie ein Puzzle,– das Puzzle, das sich *Leben* und *Gott sein* nennt.

Alles, was sich manifestiert hat, ist eine Folge eures SEINS, eine Reflektion eurer Weisheit, die ihr bis dahin integriert habt.

Und es ist alles gut!

Es gibt nichts Schlechtes daran, denn das Göttliche kennt keine Wertung, nur der Mensch, der von sich glaubt, er sei nicht bereits vollkommen.

☆☆☆

Übung für das „ICH BIN“-Gefühl

Setzt oder legt euch bequem hin.

Nehmt bewusst mit euren Gedanken Kontakt zu eurem innersten Wesen, eurem ICH BIN, eurer Einheit in euch auf.

Bittet es, euch Gefühle seiner Anwesenheit in euch zu senden.

Euer Verstand wird euch die ganze Zeit Szenen und Gedanken von gestern, heute und morgen (von dem er ja noch keine Ahnung hat, das er aber bereits beherrschen will) senden.

Bittet euren Verstand, er möge euch jetzt behilflich sein, mit eurem ICH BIN zu verschmelzen, nehmt ihn also in Liebe in euch an.

Registriert, wie euer Verstand zur Ruhe kommt und geht weiter nach innen.

Beginnt zu lauschen und zu fühlen.

Ich kann euch nicht sagen, wie lange es dauern wird, das ist von der Übung abhängig, ihr werdet dann ein leuchtendes Kribbeln in euch fühlen.

Lasst zu, wie sich dieses Kribbeln in euch ausbreitet und wie ihr alles loszulassen beginnt.

Nur das Kribbeln und das goldene Licht, das jetzt kommt, ist noch da.

Genießt diesen Zustand, in dem ihr erkennt:

Alles ist JETZT gerade gut so, wie es ist, ich brauche nichts zu tun, sondern einfach nur zu SEIN.

Loslassen, einfach nur SEIN, JETZT!

☆☆

Loslassen

Einatmen,
das Universum zieht dich an.

Ausatmen,
das Universum lässt dich los.

Einatmen, anziehen,
ausatmen loslassen.

Anziehen,
loslassen.

Einatmen,
ausatmen.

Einklang
Ausklang

Ein Klang
Aus Klang

Hin
Weg

Ein
Aus

Am Anfang
Am Ende

OM

☆☆

Nehmt diese Erfahrung, die ihr auf mehrere Stunden ausdehnen könnt (das Ganze nennt sich dann Meditation), mit hinaus in euren Alltag.

Verknüpft sie eventuell noch mit der Vergebungsmeditation und arbeitet mit dem heiligen Siegel des Davidsterns, den beiden Dreiecken in Vereinigung.

Immer, wenn ihr merkt, dass euer Verstand beginnt, an Dingen, Menschen oder Situationen festzuhalten, erinnert euch daran:

Das Universum ist Bewegung.
In Wahrheit zählt nur das Jetzt.

Frieden, Freude, Glückseligkeit dürfen in uns sein, JETZT, von Augenblick zu Augenblick.

Wir bewegen uns in unserem Spiel von Augenblick zu Augenblick.

Out of Control, denn es gibt nichts zu kontrollieren, alles ist genau richtig so, wie es ist.

Es passieren wieder Dinge in deinem Leben, Dinge und Situationen, mit denen du vielleicht zunächst nicht einverstanden bist.

Dein Ego-Wille hat es sich anders vorgestellt, dein Verstand konstruiert andauernd Gerüste, an denen er irgendetwas oder jemanden festbinden will.

Festhalten ist Stillstand. Stillstand bedeutet Tod. Bewegung ist permanente Entwicklung, die niemals aufhört.
So, wie die spiralförmigen Bewegungen unserer Galaxien.

Die Göttin ist Liebe und Bewegung, die göttliche Matrix steht niemals.

Gebt euch der Bewegung hin und dem dauernden Weiterschreiten, vertrauensvoll, als geliebte Kinder eures höchsten SELBST.

Je mehr ihr in diesem Vertrauen seid, dass das Göttliche, euer Ich BIN, nur das Beste in jeder Situation für euch manifestiert hat (nämlich das, was ihr gerade braucht, um weiterzuschreiten, auch wenn es euch nicht gefallen sollte), umso wundervoller und reicher wird euer Leben sein.

Das Leben im Jetzt mit eurem ICH BIN, das ist Leben ohne Sehnsucht.

Die Suche/SUCHT hat dann ein Ende.

Denn Sehn-Sucht ist immer dem Glauben an einen Mangel entsprungen, und der Mangel ist Illusion.

☆☆☆

Aus der Einheit

Dem Glück auf der Spur,
wo führt es mich hin?
Zu dir?
Zu mir?
Zu uns?
Zu Gott?
Zwischenstopp und Pause.

Weiter geht's.

Suchen und wiederfinden,
vereinen und wieder trennen.

So geht die Ewigkeit dahin
wie ein sanfter Strom.

Nur wir selbst wandeln uns
und sind doch immer dieselben.

Wir sind hier,
wir sind dort.

Wir kommen und wir gehen.

Wir entdecken immer neue Facetten des Seins.

Doch sind wir nie etwas anderes gewesen
als das Universum selbst,
das uns immer wieder neue Formen gibt.

Formen, an denen wir uns selbst
immer wieder neu erkennen
und dabei immer wieder neu erfahren,
wie schön unsere eigene Schöpfung ist,
nicht wahr?

☆☆☆☆☆

Einheit, der Christus-Mensch

Die Geschichte der Einheit – Adam und Eva im Paradies

Es war einmal...
Adam, Eva und der Baum der Erkenntnis.

Der Beginn der Entwicklung des Menschen zum CHRISTUS-Menschen.

Adam und Eva waren Kinder Gottes im Paradies. Sie lebten im SEIN und dachten nicht nach, was gestern war oder morgen sein wird. Sie hatten Nahrung in Fülle und lebten Freude und Glück der Gegenwärtigkeit der Einheit ihres Paradiesgartens, der ihnen von Gott gegeben war.

Doch da war ein Geheimnis. Das Geheimnis des Baums, der Erkenntnis hieß.

Gott hatte Eva und Adam verboten, zu diesem Baum hinzugehen und seine Früchte zu essen.

Es waren die einzigen Früchte, die Eva und Adam also noch nie zu sich genommen hatten.

Eines Tages beschloss Eva aus Neu-Gierde, zum Baum zu gehen, obwohl sie wusste, dass es ihr verboten war.

Sie ging zum Baum der Erkenntnis und hörte die Stimme einer weisen Schlange, die vom Baum herunter sprach:

Esse diese meine Früchte, und du wirst wissen, was und wer du bist.

Eva zauderte.

Doch der unbewusste Drang in ihr, die Früchte zu versuchen, um herauszufinden, was passieren würde, ließ sie schließlich nachgeben.

Sie ging zum Baum und nahm den Apfel, den die Schlange ihr hinhielt.

Sie biss in den Apfel, und der Apfel war so süß und so geschmackvoll, wie bisher noch nie ein Apfel geschmeckt hatte.

Eva ging damit zu Adam.

Adam erschrak zutiefst.
„Gott, der Herr, hat uns verboten, die Früchte dieses Baumes zu essen!", sprach er entsetzt.

Doch Eva gab ihm den Apfel und versicherte ihm, dass es der beste Apfel sei, denn sie je gegessen hatte. Sie konnte nicht verstehen, warum ausgerechnet diese Früchte nicht verzehrt werden sollten.

„Warum sollten wir diese wunderbaren Äpfel nicht verspeisen? Sie sind die besten im ganzen Paradies!“

So sprach Eva zu Adam:

„Was hat es damit auf sich, dass wir sie nicht essen sollen? Die Schlange hat gesagt, dass wir wissen werden, wer und was wir sind, wenn wir von den Äpfeln kosten. Möchtest du nicht wissen, wer und was du bist?“

Darauf wusste Adam auch keine Antwort. Er nahm den Apfel und biss hinein.

Daraufhin begann sich die Welt um Adam und Eva zu verändern.

Die Schlange war verschwunden.

Die Früchte der anderen Pflanzen schmeckten ihnen nicht mehr.

Und je mehr sie vom Baum der Erkenntnis aßen, umso mehr veränderte sich die Welt um sie herum.

Das Paradies hörte auf, ein Paradies zu sein.

Es war so, als ob alles, was in ihrem Leben Bestandteil des Paradieses war, sich aufzulösen begann und nicht mehr existierte.

Es gab immer weniger Früchte, sodass sie nur noch die Früchte des Baumes der Erkenntnis essen konnten.

Allmählich begannen Adam und Eva, sich zu streiten.

Adam gab Eva die Schuld, dass das Paradies kein Paradies mehr war, weil sie ihn dazu angestiftet hatte, die verbotenen Früchte zu essen.

Eva bekam immer mehr Schuldgefühle und bereute es zutiefst, dass sie ihrer Neugierde nachgegeben und der Schlange geglaubt hatte.

Die Schlange hatte versprochen, sie würden wissen, wer und was sie seien.

Eva hatte das völlig vergessen, und sie dachte auch nicht mehr darüber nach.

So verging die Zeit, und Adam und Eva setzten weitere Menschenkinder in die Welt.

Sie alle aßen die Früchte vom Baum der Erkenntnis.

Das Paradies veränderte sich immer mehr.

Die Menschen begannen, sich immer mehr zu trennen und zu streiten.

Es kamen immer mehr Zweifel an ihnen selbst in ihr Leben, es kam die Angst in ihr Leben, es kamen viele, viele negativen Gedanken, Gedanken des Mangels in ihr Leben.

Ein Mangel an Nahrung machte sich daraufhin breit. Krankheiten und Seuchen brachen aus.

Die Menschen lernten durch diesen Mangel, dass man um die Nahrung und den Reichtum, der früher selbstverständlich war, nun kämpfen musste und manchmal sogar dafür töten.

So wurde das Paradies, in dem einst die Liebe zu Hause war, zu einem Ort, an dem geschlagen, misshandelt, getötet und missbraucht wurde.

Warum?

Der Lebensinhalt und das Denken der Menschen richteten sich immer mehr auf den Mangel aus, der zum Hauptthema wurde, nicht mehr die Fülle, die einst eine Selbstverständlichkeit gewesen war.

Das wirkte sich sogar auf die Tierwelt aus.

Im Paradies gab es keine Tiere, die sich gegenseitig als Nahrung betrachteten.

Durch die Sichtweise der Menschen änderte sich auch die Verhaltensweise der Tiere.

Es gab Opfer und Täter. Jäger und Gejagte.
Es gab Sieger und Verlierer.

Jeder kämpfte den Kampf um Nahrung, bis alle komplett vergessen hatten, dass es je anders gewesen war.

Emotionen von Angst und Wut beherrschten die Menschen.

Alle dachten, sie seien ursächlich Schuld an diesen Zuständen. Sie führten Götter ein, deren Wohlgefallen sie sich durch Opfergaben sichern wollten.

So vergingen viele Jahre. Die Menschen glaubten fest daran, dass sie die Götter, unsichtbare Wesen, die die Geschicke der Erde lenkten, gnädig stimmen könnten, indem sie strenge Verhaltensregeln einführten: die Opferung von Menschen und Tieren, Gesetze, um die Götter milde zu stimmen und die Menschen von Hungersnöten und Naturkatastrophen zu verschonen.

Es gab immer wieder Menschen, die die Erde als weibliche Mutter verehrten und für die Ernte und alles, was ihnen geschenkt wurde, dankbar waren.

Sie erkannten in der Erde und in dem Reichtum, der

aus der Erde hervorging, Parallelen zur Fruchtbarkeit der Frauen und der Weiblichkeit.

Sie erkannten hinter dieser Fülle eine weibliche Göttlichkeit, die für Nahrung und Energie zuständig war.

Und intuitiv erkannten sie auch in der Erde einen Teil Gottes auf Erden, der sie versorgte und nährte.

Daraus entwickelte sich ein Göttinnen-Kult.

In ihm waren Frieden, Liebe, Geborgenheit und das Hegen und Pflegen der Pflanzen, die die Nahrung darstellten, die wichtigsten Qualitäten.

Es gab aber auch Göttinnen-Kulte, die eine Herrschaft über die Männer ausübten, was dem Selbstwertgefühl der Männer auf die Dauer nicht gut bekam – und ein Kampf der Geschlechter war die Folge.

Aus Rache und Angst, die Frauen und die Weiblichkeit könnten den Sieg über die Weltherrschaft erringen und sie würden die Kontrolle verlieren, taten sich die Männer zusammen und begannen, Macht auf die Frauen auszuüben und mit Hilfe ihres starken Verstands und ihrer körperlichen Überlegenheit die Frauen zu beherrschen.

Alle waren zutiefst in Zweifel gestürzt, in ihrem Selbst zutiefst gespalten, und machten Erfahrungen der Angst, des Zweifels, der Verletzung und des Schmerzes.

Sie wechselten vom Opfer zum Täter, vom Täter zum Opfer, waren Jäger und Gejagte, und hatten vollkommen vergessen, was es bedeuten könnte, menschlich zu sein.

Die Männer warfen den Frauen vor, die Schuldigen gewesen zu sein, der Grund, warum sie aus dem Paradies vertrieben wurden. Die Frauen glaubten an ihre Schuld, und die Menschen ließen es zu, dass sich weltweit ein männlich ausgerichtetes Gottesverständnis entwickelte.

Und da die Seelen, die inkarnieren, mal als männlicher Aspekt kamen und mal als weiblicher Aspekt, ergab sich in jeder Menschenseele eine riesige Ansammlung aus Schuld, Selbstbestrafung, Schmerz und Angst.

Dadurch wurden die einzelnen Seelenaspekte der Menschen ebenso von ihrem Ursprung getrennt, wie der Mensch in der Materie von der Geistigen Welt.

So kam es zu einer Trennung auf allen Ebenen des menschlichen Daseins, von der keine Seele verschont blieb.

Leid und Mangel waren die Folge.

Niemand erinnerte sich mehr an die Ursache und den höhere Sinn von all dem Leid. Jede Seele hatte ihre innere Führung und die Anbindung an das Göttliche verloren.

Das Feld des Mangels und das Kollektiv des ungöttlichen Menschen, der auf eine Befreiung durch einen Gott außerhalb von sich selbst wartet, wurden die Grundlage mehrerer Religionen.

Alle Aspekte wurden voneinander getrennt.
Das Weibliche vom Männlichen.
Die Liebe von der Bewusstheit.
Das Herz vom Verstand.

Der Körper von den höheren Ebenen des Geistes und der Über-Seele, der Summe all seiner Erfahrungen aus allen Existenzebenen seines Seins.

Dieser Schleier des Vergessens der Wahrheit, dass alle miteinander verbunden und EINS sind, hielt viele tausende von Jahren an.

Die Seelen durchlitten wahre Irrfahrten, sowohl in ihrem Körper auf der Erde, als auch in verschiedenen anderen Existenzebenen des Geistes.

Das Feld der Trennung von der Einheit auf der Erde, dem einstigen Paradies, war größer geworden als die Erinnerung an das Feld der Einheit aus dem Paradies.

Das Feld der Angst und der Unbewusstheit war zur größten Macht auf Erden geworden.

Die Seelen der Menschen waren in einem scheinbar sich ewig drehenden Rad von Tod und Wiedergeburt, Schuld und Sühne gefangen.

Das Leid war so groß geworden, und die Menschen warteten dringend auf göttliche Hilfe und baten die Götter darum, ihnen die Erlösung ihres Leidens zu schicken.

Auf diesen Ruf hin inkarnierten immer wieder hoch entwickelte Seelen auf die Erde, die die Meisterschaft der Bewusstheit und der Liebe bereits in sich integriert hatten und in der Gewissheit und Erfahrung ihrer Seelenweisheit, der Summe all ihrer Erfahrungen, auf die Erde kamen. Sie waren weit entwickelt und hatten es geschafft, das Rad des Karmas zu verlassen und die Ursache der Trennung aus dem Paradies zu erkennen und in sich zu erlösen.

Sie kamen in absoluter Bewusstheit, wer und was sie sind, und mit großer Liebe auf die Erde, um der Menschheit die Hand zu reichen und sie in ihrer Entwicklung zu unterstützen.

Sie inkarnierten in einem menschlichen Körper und hatten die Einheit von Körper, Seele und Heiligen Geist in sich integriert. Verbunden mit der Weisheit, der Summe all ihrer Erfahrungen aus all ihren Inkarnationen, wendeten sie diese Erfahrungen und die daraus resultierende Weisheit zum Wohl der Erde und ihrer Lebewesen an.

Und so begannen sie, ihr Wissen und ihre Liebe in Weisheitslehren zu verbreiten.

Zu ihnen gehörten Jesus Christus, seine Mutter Maria und sein geliebtes DU: Maria Magdalena.

☆☆☆

Maria Magdalena als weibliche Ergänzung zu Jesus Christus und ihre Bedeutung für das Christentum heute

Maria Magdalena nimmt einen sehr wichtigen Platz in der Geschichte des Christentums ein, ein Platz, der bisher nicht erkannt werden sollte, um alte Glaubens- und Machtstrukturen auf der Erde aufrechtzuhalten.

Zur Zeit, als Jesus und Magdalena auf der Erde lebten, glaubten die Menschen an einen herrschsüchtigen männlichen Gott, der durch Sühneopfern besänftigt werden muss, einen Gott außerhalb des Menschen.

Um der Entwicklung der Menschenseelen zu helfen, die sich in diesen Verstrickungen an immer wiederkehrende Karmakreisläufe gebunden hatten, wurden Meisterseelen auf die Erde geschickt, um die Gesetze von Bewusstsein und Liebe nachhaltig zu verankern und damit die Weiterentwicklung der Seelen auf der Erde zu gewährleisten. Jener Seelen, die in so tiefe Bewusstseinsebenen gefallen waren, dass sie vollkommen vergessen hatten, aus welchen Reichen des Lichts sie ursprünglich entsprungen waren.

Jesus und Magdalena waren reife Zwillingsseelen, die auf die Erde in die Materie kamen, um durch ihr Leben, Wirken und Erfahren das Feld des Christusbewusstseins vorzubereiten und durch ihr selbstloses Dienen in den

Rollen, die sie für das Kollektiv Mensch übernahmen, das Feld des ursprünglichen „himmlischen“ Paradieses Erde wieder zu stärken und aufzubauen.

Dies geschah auf unterschiedliche Weise.

Jesus, „der Christus“, lebte den Menschen vor, wie ein vollkommener Lichtmensch, ein Sohn Gottes, ein erleuchteter Mensch in Einklang von Herz und Verstand, Körper, Seele und Geist in seiner göttlichen ICH BIN-Gegenwart auf der Erde wirken kann. Er zeigte den Menschen in Taten und Worten den Weg zurück zu ihrer Göttlichkeit und führte sie in die Liebe Gottes zurück, sofern sie das selbst zulassen konnten und wollten. Er war als Mann männlich und weiblich in einem, ALLES in EINEM.

Maria Magdalena hingegen, ebenfalls eingeweiht, jedoch in die Mysterien der Göttin, nahm neben Jesus den weiblichen und damit zu dieser Zeit passiven Platz ein. Ihre wahre Bedeutung sollte erst in der heutigen Zeit zum Vorschein kommen, in der die Menschheit die Vereinigung der männlich-weiblichen Polarität, die Gleichheit und Einheit, anstrebt.

Als treuste Jüngerin und gleichberechtigte Frau (für Jesus war sie gleichberechtigt, im Gegensatz zu den anderen männlichen Jüngern, die sie als Frau und minderwertiger ansahen) begleitete sie Jesus überall hin und nahm teil an seinen Lehren und Heilungen. Ihre Bedeutung als göttlich weiblichen Part in der Einheit durch die Ehe mit Jesus wurde aus den Lehren gestrichen.

Ihre Bedeutung als Kelch, als Heiliger Gral, als empfangender Teil göttlichen Bewusstseins, ist erst heute erkannt.

Sie war bekannt für ihr bedingungsloses Mitgefühl, ihre gelassene Sanftheit, ihre Aufrichtigkeit und ihr Streben nach Verbesserung der Lebensbedingungen für die Menschen. Sie war Jesu Seelengefährtin, die ihn am besten verstand.

Die Abspaltung des männlichen vom weiblichen Prinzip durch das Patriarchat hatte zur Folge, dass Maria Magdalena im Kollektiv der Menschheit abgespalten wurde und das weibliche Prinzip nur im Unterbewusstsein, im Verborgenen, wirken konnte. Die „schwarze Madonna" blieb also die ganze Zeit über als sichtbares Geheimnis im Gedächtnis der Menschen. Durch diese Trennung, hervorgerufen durch die spätere Kirche, die Jesu Lehren absichtlich veränderte, setzte sich im Außen weiterhin der männliche Gott des alten Judentums durch.

Die Verdrängung von Maria Magdalena und ihrer Liebe zu Jesus sowie ihre geistige Heilarbeit wurden später aus den Lehren des Christentums gestrichen, absichtlich, um die Illusion der Trennung aufrecht und die Menschen weiterhin in Angst und Macht verstrickt zu halten.

Die alchemistische Hochzeit, im alten Testament im hohen Lied der Liebe festgehalten, sollte sich bei der Menschheit erst zweitausend Jahre später zutragen dürfen.

Es hatte sich also scheinbar nichts verändert, und die Einheit, die Jesus und Magdalena in sich selbst und im Außen als Paar vorgelebt hatten, scheinbar nichts bewirkt.

Doch das Bewusste, das Jesus uns hinterließ, blieb als Botschaft für die Welt erhalten.

Das Unbewusste, das Weibliche, das Mystische jedoch war immer schon vorhanden und wartete damals wie heute auf die Gralssucher, die Helden, die das Weibliche und die Liebe in sich und in der Welt befreien und Himmel und Erde im Herzen wieder im Gral zusammenfinden lassen, um sich zum wahren Christusmenschen/Christ-All-Menschen zu entwickeln und damit das gesamte Schöpfungspotenzial zu entfalten.

Magdalena steht also stellvertretend für den Körper, der vom göttlichen Geist getrennt wurde,

für das Herz, das vom Verstand getrennt wurde,
die Liebe, die vom Bewusstsein getrennt wurde,
und für die Erde, die vom Himmel getrennt wurde.

Sie steht für die Trennung von Materie und Geist und für die damit entstandenen Erfahrungen der menschlichen

Seele und der Weisheit (Sophia), die aus der Trennung in uns allen geboren wird.

Aus diesem Grund hat sie zu Recht den Titel einer Sophia, Göttin der Weisheit, und vielleicht ist das auch der Grund, warum nun, im 21. Jahrhundert, immer mehr Mütter ihre Töchter wieder Sophia nennen, um sie auf den Weg und die Weisheit ihrer Seele hinzuweisen.

Maria Magdalenas wahre Bedeutung erschließt sich uns heute, wenn wir bereit sind, die mystische, „Heilige" Hochzeit in uns zu vollziehen. Als Aufgestiegene Meisterin ist sie zurück, um zum richtigen Zeitpunkt in diesem Zeitalter als verdrängter weiblicher Aspekt und Symbol für kosmisch weibliche Liebe in uns wieder gehört zu werden.

Nun, da die Zeit angebrochen ist und sich das Bewusstsein der ganzen Menschheit im Aufstieg und in Auferstehung befindet, ist es Zeit, das Mysterium des vereinten männlich-weiblichen Gottes der Einheit in uns selbst wieder auf den Thron in jedes Herz zu setzen und damit die Illusion der Trennung von Gott in uns endgültig aufzuheben.

Maria Magdalena, sie ist wieder hier – schöner, stärker, liebevoller und hingebungsvoller denn je, in jedem von uns als CHRISTIN und Gegenpol zu unserem inneren CHRISTUS.

Maria Magdalenas Licht und Liebe

„Es gibt keine Trennung,
kein Gestern, kein Morgen,
kein Ich und kein Du,
nur endlose Liebe,
das bist DU!“

Maria Magdalena

(Text von Peter Engelhardt, www.diegoettin.com)

☆☆

„Das Herz und die Weiblichkeit ist zurück in jedem und darf jetzt gelebt werden, egal, ob du Mann oder Frau bist!“

„Die Sprache des Herzens darf wieder gesprochen werden!“

„Erkenne, was und wer du wirklich bist!“

„Erwecke und liebe das Kind in dir neu, es ist dein Schlüssel zu Gott!“

„Entlarve die Illusion der Trennung und hebe sie auf!“

„Vereinige Gott und Göttin, Bewusstsein und Liebe, Herz und Verstand!“

„Trenne dich von alten Strukturen der Angst und Macht!“

„Integriere deine Ahnen und deine Vergangenheit!“

„Erkenne deinen Herzensweg, den Weg deiner Seele und gehe ihn – jetzt!“

„Ent-decke das Reich Gottes in dir!“

„Vereinige dich mit deinem göttlichen Kern!“

„Höre deine göttliche Wahrheit!“

„Erkenne und erlöse die Ursache jeglichen Mangels in dir!“

„Ermächtige dein ICH BIN!“

„Manifestiere dein Paradies!“

„Sei glücklich, sei die Freude und Ekstase im SEIN – Jetzt!“

(Durch Sylvia Morawe im August 2008)

SURRENDER

Nichts, was du kontrollierst, kann von Dauer sein.
Liebe, anstatt zu kontrollieren,
vertraue, anstatt dich zu sorgen,
gib dich hin, anstatt dich abzugrenzen.
So bleibt alles im Fluss,
im ewigen Fluss des Vergehens und Neuenstehens.
Die Ewigkeit ist allgegenwärtiger Wandel
und nur eine neue Ansicht vom gestrigen Sein.

☆☆☆☆☆

Danksagung

Voller Dankbarkeit widme ich einen Platz in meinem Herzen meinen Eltern, Großeltern und Ahnen, die mir ein Feld ermöglicht haben, genau die Erfahrungen zu machen, die ich gebraucht habe, um zu den Erkenntnissen zu kommen, die in diesem Buch ihren Ausdruck gefunden haben. Ohne den Schmerz und die tödliche Krankheit in unserer Familie wäre die Sehnsucht, dies alles zu erkennen, zu ergründen, ins Licht zu führen und zu erlösen, nicht so stark in mir geworden.

Ich danke meinen Lehrern Frank und Katharina Alper, Thomas Young und Dirk Engel mit der Sanjola University, die mir geholfen haben, meine inneren Schätze zu erschließen.

Lieber Dirk, dir gilt mein ganz besonderer Dank, denn ohne dich, deine Starlight-Angel-Therapy und unsere Zusammenarbeit würde es dieses Buch nicht geben.

Danke für deine liebevolle Anwesenheit, die Zeit, die du mit mir in den vielen Einzelgesprächen verbracht hast, und für alles, was du mir zukommen lässt.

Danke auch an Peter Engelhardt, dem Maler der Göttin, er bestärkte mich von Anfang an mit seinen wundervollen Bildern und seinen Ansichten über das Göttliche.

Danke Peter, dass du uns dein Bild „Maria Magdalena III“ für das Cover dieses Buches zur Verfügung stellst.

Zu guter Letzt danke ich allen feinstofflichen guten Geistern, die mich unermüdlich geduldig begleiten, beraten, führen und mich ohne Umwege direkt zum Smaragd Verlag geführt haben, und dem wundervollen Frauen-Power-Team des Smaragd Verlags für die Möglichkeit, die Inhalte dieses Buches in die Welt zu bringen.

Von Herzen: 1000 Dank

Zora Gienger

Liebespaare der Neuen Zeit

216 Seiten, A5, broschiert

ISBN 978-3-95531-034-9

Die Sehnsucht nach einem Lebenspartner, der gleichzeitig auch ein Seelen- und Herzenspartner ist, wird immer wichtiger.

Zora Gienger beschreibt, wer diese neuen Liebespaare sind, wie sie leben und wie es ihnen gelingt, ihre Partnerschaft zu einem strahlenden Leuchtfeuer der Heilkraft zum Wohl aller zu werden.

Zahlreiche Übungen der ausstrahlenden Liebe geben ein einfaches, aber sehr wirkungsvolles Werkzeug an die Hand, um mit Hilfe der fließenden Liebe wunderbare Veränderungen anzustreben und eine glückliche Seelen- und Herzenspartnerschaft zu führen, die Erfüllung und Freude schenkt.

Zora Gienger

Heilkraft der Dualseelen

Gemeinsames Wirken für die Welt

200 Seiten, A5, broschiert

ISBN 978-3-941363-73-1

Dieses Buch wirft ein neues Licht auf das Thema Dualseelen. Es beschreibt, was Dualseelen sind und wie sie sich erkennen, wie sie ihre Seeleneinheit lebendig halten können und wie es möglich ist, mit der Dualseele verbunden zu sein, auch wenn man nicht weiß, wer der Dualseelenpartner ist.

Es enthält liebevollen Hinweise, wie ein erfülltes, spirituelles Leben gemeinsam mit der Dualseele gelingen kann und welch ein Segen es ist, zu wissen, dass es Dualseelen gibt. Doch es schenkt auch Trost, wenn es im Alltag zu einer eher schmerzhaften Begegnung mit der Dualseele kommen sollte. Meditationen voller Liebe, Dankbarkeit und Segen motivieren, die eigene Seelenkraft zu entfalten und voller Freude die Einheit mit der Dualseele auf der Seelenebene zu feiern – jeden Tag aufs Neue.

Ava Minatti
Sternenfelder der Heilung
208 Seiten, broschiert
ISBN 978-3-95531-003-5

Wir sind aus Sternenstaub geboren. Wir sind Sternenkinder. Deshalb ist die Sehnsucht nach den Sternenwelten tief in uns verwurzelt und das Betrachten des funkelnden Nachthimmels löst so viel Vertrautes in uns aus.
In der jetzigen, Neuen Zeit wird die Materie durchlässiger und der Austausch mit den Sternenebenen und Sternenwesen deutlicher, klarer und intensiver. Die Zellen kommunizieren mit und reagieren auf die kosmischen Kräfte.
Jeder Sternenraum beinhaltet eine einzigartige Energie, die jeder für sich nutzen darf, um das Heilsein im Hier und Jetzt zu erfahren und zu feiern.

Shalin Alisha Desmûn
Einweihung in die Drachenflammen
Meisterweg zur Selbstermächtigung
292 Seiten, geb., mit Leseband
ISBN 978-3-95531-007-3

Die Drachen sind uralte Seelenführer und Meister im Erschaffen und Lenken von Energien und Elementen. Durch die Neue Zeit wurde der tiefere Kontakt zwischen Drachen und Menschen wieder möglich, und dem Weißen Königsdrachen ist es ein großes Anliegen, alte Wunden aus der gemeinsamen Vergangenheit zu heilen und den Menschen das zurückzubringen, was sie an schöpferischen Kräften und Fähigkeiten in sich verloren (geglaubt) oder verschlossen haben.
Jeder lernt seinen persönlichen Drachenfreund/seine persönliche Drachenfreundin kennen und heilt mit ihm/ihr Seite an Seite.
Durch jeden Menschen, der sich den Drachen wieder öffnet, fließt beiden Partnern die liebevolle Selbstermächtigung zu, gemeinsam zu heilen und Neues zu erschaffen.

Sonja Ariel von Staden
Engel – ganz modern!
Energie und Liebe für ein glückliches Leben
280 Seiten, A5, gebunden, mit Leseband
ISBN 978-3-95531-039-4
Mit zahlreichen vierfarbigen Abbildungen

Engel sind eine Form von Energie, die unser Leben verändern kann. Damit wir endlich erkennen, dass unser Paradies auf Erden längst erschaffen wurde. Die Engel können uns dafür die Augen öffnen...
Leuchtende Engelbilder und liebevolle, deutliche Worte berühren tief im Herzen und lassen längst vergessene Träume und Weisheit neu aufleben. Sie setzen frische Energie frei und schenken Hoffnung und Zuversicht.
Hilfreiche Engelbotschaften eröffnen neue Wege und Möglichkeiten, damit jeder Mensch endlich seine Chancen ergreifen und sein Leben zum Besten verändern kann.

Ava Minatti
Engel-Yoga
208 Seiten, A5, broschiert
ISBN 978-3-95531-036-3
Mit zahlreichen vierfarbigen Abbildungen

Die Kombination zwischen Yoga und den Berührungen der Engel ist einmalig und neu. Sie unterstützt uns, mit uns und unserem Körper im Kontakt zu sein, uns zu erden, unsere Mitte zu nähren, uns anzunehmen und zu lieben.
Es werden Basisübungen vorgestellt, um uns wahrzunehmen, wiederzufinden, Kraft zu schöpfen und Stress loszulassen sowie verschiedene Spür-, Dehnungs- und Wahrnehmungsübungen, die entspannen und den Atem vertiefen.
Des Weiteren sind 15 Engel-Yogaübungen enthalten, die den Körper auf sanfte Weise dehnen, ihn aufbauen, harmonisieren und die Organe, Meridiane und Energieströme ausgleichen. Ergänzend lassen die Engelwesen kurze Botschaften mit einfließen.